Össel (bürgerlich Ulrich G. Kunzmann), wurde 1957 in Gladbeck geboren und kehrte 2006 nach 20 Jahren USA wieder nach Deutschland zurück.

Er kam jedoch nicht alleine, sondern erhöhte die Einwohnerzahl Nordrhein-Westfalens um zwei Personen, nämlich mittels seiner mitgebrachten Ehefrau und seines Sohnes.

In den USA hatte er mehrere Stand Up Comedy Auftritte und arbeitete unter anderem als Comiczeichner, Möbeltischler, Dachdecker und Staubsaugervertreter.

Zeichnen tut er seit er 7 Jahre alt ist und Witze reißen schon seit seiner Geburt.

Warum erst jetzt ein Buch von ihm erscheint, begründet er damit, dass er erst vor kurzem herausgefunden hat, dass man einzelne Buchstaben auch zu Wörtern aneinanderreihen kann.

Bibliografische Information der Deutschen Nationalbibliothek:
Die Deutsche Nationalbibliothek verzeichnet diese Publikation in
der Deutschen Nationalbibliografie; detaillierte bibliografische Daten
sind im Internet über http://dnb.dnb.de abrufbar.

c 2013 Uli Kunzmann
2. überarbeitete Auflage 2015
Herstellung und Verlag
BoD - Books on Demand, Norderstedt

ISBN: 9783735738813

Seitenwind ist
gut
gegen Schuppen

Uli Kunzmann – Email: ulikunzmann@yahoo.de
Website: oessel-comedy14.jimdo.com

ICH HOFFE,
MEIN BUCH WIRD EIN
DURCHBRUCH.
AUF DEN WARTE ICH JETZT SCHON
SEIT 25 JAHREN

DEN EINZIGEN DURCHBRUCH,
DEN ICH BISLANG HATTE,
WAR DER, VON DER KÜ CHE
ZUM ESSZIMMER!

(UND DER HAT NICHT
VIEL GEBRACHT).

Vorfahrt....ähhh Vorwort

Jedem, der lesen kann und weiß, wie ein Buch aussieht, wird dies hier bekannt vorkommen.
Ja, es ist ein Buch - und zwar ein Buch von und über mirch![1] Die meisten Comedians sind erst auf der Bühne und schreiben dann ein Buch. Ich hatte keine Zeit auf Bühne und schreib deswegen sofort ein Buch. Jaaaaaa.....

Ja, also wie der Titel schon sagt, ÖSSEL – *Seitenwind ist gut gegen Schuppen* - schreib ich jetzt auch ein Buch. Der Titel hat natürlich nichts mit mir zu tun, sondern sollte nur deine Aufmerksamkeit erregen. Ich hoffe, dass das auch jemand kauft! Zu diesem Zweck habe ich ganz interessante Fakten aufgeschrieben. Ich hoffe, dass das auch jemand liest! Ich habe auch kleine Zeichnungen eingefügt. Falls du nicht lesen kannst, die braucht man nur zu betrachten! Falls jemand weder lesen noch kucken kann, ich habe auch ein paar heiße Sachen in Braille eingeflochten (siehe Seite 465). Falls das auch nicht ankommt, weiß ich auch nicht mehr weiter und hoffe, jemand kauft das Buch trotzdem, weil er mich mit Otto oder sonst einem Prominenten verwechselt. Dann ist es mir letztendlich auch scheißegal, ob er es liest oder nicht.
Aber angenommen, die Einleitung hat dich noch nicht eingeschläfert, dann geht's jetzt los...
Vielleicht erst mal mit 'nem Witz:
Was kostet 9.95 € und startet mit einer fetzigen Einleitung?
Antwort: Jedes Buch, nur nicht meins!

Ich hatte mir das eigentlich einfacher vorgestellt. Ich brauch nur ein paar Witze und ein paar Zeichnungen und FERTIG! Ja und dann fing ich an und mein erster Versuch beinhaltete 5 Seiten. Ist noch ein bisschen wenig für ein Buch. Sogar noch zu wenig für die Schülerzeitung. Was machen? Ich könnte ja langsamer schreiben, ach ne, das geht ja nur auf der Bühne. Manche Comedians sprechen total schnell. Das heißt also, die verbrauchen auch mehr Witze in der Minute als Langsam Sprecher. Das versuch ich in diesem Buch auch umzusetzen. Jaaaaaa Leute.... ich ...ähhhh muss …. jetzt erst mal auf die Toilette.
(und warten)
(und warten)
(und warten)
(Drei Stunden später)
Da bin ich wieder. Leider klappt das nicht mit nem Buch. Auf der Bühne schon. Da kann man auch so einige Tricks einflechten. Musik zum Beispiel. Geht beim Buch auch nicht. Ich könnte aber 240 leere Seiten einfügen, und das Ganze als Malbuch verkaufen. Wer merkt das schon!

[1]von MIR über MICH = MIRCH (Grammatikalische Abkürzung – siehe Brockhaus, Mix – Murks, 5, 27/7)

Thema Ausländer:

Einwanderungsbehörde – da ist ja schon das Wort eine Abschreckung – BEHÖRDE!!

Hört sich schon krass an, oder im Englischen:

IMMIGRATION...

Das klingt ja fast wie WARNUNG......DU NICHT!

Anders ist das schon in Spanisch: IMMIGRACION!

Das klingt geradezu wie eine Einladung zur Hochzeit! IMMIGRACION... Ein Lied für die Liebe...

Kein Wunder, dass so viele Mexikaner und Süd-Amerikaner in die USA kommen....

Du musst erst zur IMMIGRACION!

Uhhh... Party!...

Kann ja nicht so schlimm sein, oder?

Antwort: Ja, iss es aber! Deswegen haben die auch einen 8 Meter hohen Zaun rund um die US gebaut!

Aus der Rubrik `**WILD GESPROCHEN**´

Einmal Pommes Mayo und ´ne Caritas!

Geisterbahn

Wer war schon mal in der Geisterbahn? Genau derselbe Krampf wie vor 25 Jahren. Während die Entwicklung der anderen Fahrgeschäfte schneller und zukunftsorientierter vonstattenging, ist die Geisterbahn offensichtlich in den 70er Jahren stehengeblieben. Gummi Skelette, trübe 40 Watt Flackerbirnen und Spinnweben aus der Dose haben doch tatsächlich den Sprung ins Computer Zeitalter geschafft. Verändert haben sich lediglich die Preise, und zwar nach oben!

Bevor ich dieses Buch anfing, habe ich ja schon so einiges gemacht: Büroreinigung, Staubsaugervertreter, Dachdecker und selbständiger Unternehmer. Ich habe mal einen Fitnessriegel auf den Markt gebracht:

DER ÖSSEL RIEGEL – EINE HERZHAFTE WAFFEL, UMHÜLLT VON EINER KNUSPRIGEN CREME AUS KARTOFFELSALAT!

War leider ein Reinfall. Offensichtlich mögen die Leute keine Waffeln!

Genauso ein finanzieller Erdrutsch war auch mein letztes Projekt:

Alkoholfreier Whiskey

rauchiger Whiskey Geschmack - bei 0 % Alkohol!

Second Hand
Ich hatte auch mal einen Second Hand Möbelladen. Da wollen die Kunden natürlich immer handeln. Die besten Sprüche von mir habe ich mal aufgeschrieben:

Kunde: Wie teuer ist der Tisch?
Ich: 50,-€
Kunde: Können wir da noch was machen?
Ich: Sicher. Wir könnten uns ausziehen.

Kunde: Wie teuer ist der Stuhl?
Ich: 20,-€
Kunde: Letzter Preis?
Ich: Natürlich nicht. Nach oben bin ich noch offen.

Kunde: Ich brauch unbedingt `ne Couch.
Ich: Trifft sich gut. Ich brauch unbedingt 120,-€

Kunde: Wie teuer ist der Schuhschrank?
Ich: 30,- €
Kunde: Für 10,- nehme ich ihn mit.
Ich: Aber er dich nicht!

Zum Verkauf steht eine Wanduhr – 3,- €
Kunde: Ist das eine Funkuhr? (für 3,- € ???)
Ich: Ja sicher, und jede volle Stunde klatscht die in die Hände!

Was das Sandmännchen niemals machen sollte:

Haare fönen!

Kontaktanzeigen

Über Beziehungen berichten ist ja nix neues - machen ja schon andere - aber so ganz ignorieren kann ich das Thema nun auch nicht. Bevor ich meine Frau traf, habe ich auch schon mal Bekanntschaftsanzeigen durchgesehen. Eine fiel mir da besonders auf: **JUNGE FRAU, 28, KOMMT GERADE AUS EINEM FERNEN LAND, IST GUTAUSSEHEND, SCHLANK, GEHT GERNE INS THEATER. ANTWORTEN UNTER CHIFFRE.** Oh, dachte ich, die Frau hat Stil. Hab ich dann auch mal kontaktiert und mich dann mit ihr getroffen, aber leider stellte sich heraus: Die Gute war nur gutaussehend (im Dunkeln), schlank (im Dunkeln) und ging zwar gerne ins Theater, allerdings nur ins Kaspertheater! Und mit dem fernen Land war auch ein Reinfall. Ich hatte da so an Japan oder die Karibik gedacht, aber das ferne Land aus dem sie gerade gekommen war, war dann doch nur Lego Land!

Aus der Rubrik ´**WILD GESPROCHEN**´
Einmal Pommes mit ohne gar nix!

Geschirrspülen

Meine Frau spült immer selber. Dabei stapelt sie das Geschirr neben dem Spülbecken so geschickt auf, dass ein beinahe 50 cm hoher Geschirrberg entsteht. Wenn ich dann mal ein Teller oder ´ne Tasse brauche und die aus dem Stapel ziehen will. ist das wie Mikado. Wenn sich nix bewegt, hab ich gewonnen. Ansonsten habe ich mal wieder die Arschkarte – und ihr wisst ja, was das heißt! **Sagt sie letztens zu mir: Man, ist die Wohnung klein, ich brauch unbedingt mehr Raum! Sag ich: Dann kauf dir doch ´n Raumspray!**

Das Problem mit Frauen ist, nach dem Sex muss man immer noch für ne Weile liegenbleiben und kuscheln oder romantisch sein. Auf keinen Fall darf man sofort aufstehen und fernsehen. Die Frauen verstehen nicht, dass Männer anders fühlen. Sex ist für uns ein ganz normaler Vorgang, wie spülen oder ein Bild aufhängen. Habt ihr schon mal ein Mann gesehen, der nach dem Essen noch mit seinem Teller kuschelt?

Eh Alter, zeichne mal einen Kreis!
O.k. gib mir mal ´n Lineal!

Lederbälle
Lederbälle werden ja immer von innen genäht, aber wie machen die das bei der letzten Naht? Da sitzt bestimmt in jedem Ball noch son kleiner Chinese, der das letzte Stück von innen zunäht, oder?

Renovieren bei Stevie
Stevie Wonder ist ja bekanntlich blind. Also, stellt euch mal vor der lässt ne Firma kommen, die sein Haus renovieren soll: Streichen, Tapezieren usw. Da könnte man ja theoretisch auflaufen: So Stevie, macht alles zusammen 5000,- Dollar.......**Uuuuuund fertig!**

Behinderten Parkplatz
Wenn ich es eilig habe, nehme ich immer meinen Kollegen mit in die Stadt. Der sitzt dann hinten und macht einen auf behindert. Dann parke ich auf dem Behinderten Parkplatz. Und wenn dann eine Politesse kommt: Ja, wo haben wir denn die Plakette? - Ja, die wollte ich gerade abholen, der Grund sitzt da hinten!

Apps fürs Handy
Keine Kohle? Arbeitslos? Uraltes Handy? Da hab ich jetzt die Lösung: **Apps zum Aufkleben!** Bestellen Sie jetzt unter: **APPS FÜR ASIS.**

Und jetzt ein Lied mit dem Titel: **Meine Hose steht auf, aber ich bleib sitzen!** und dann die Zugabe: **Während ich sitze, steht meine Uhr!**

9

Haustiere

Wer hatte als Kind ein Haustier? Ich glaube die meisten hatten eins. Ich übrigens auch. Da ist dann die erste Stufe; GOLDFISCH! Im Glas. Hält ungefähr drei Tage. Weil, den muss man ja mehrmals am Tag raus nehmen und kucken, ob der noch lebt! Hallo! Goldfisch! Mach mal was! Leider machen die an der Luft nicht viel, das trägt vielleicht zu der begrenzten Lebensdauer bei. Die zweite Stufe sind dann Hamster. Aber was ist denn mit denen los? Mein erster Hamster wurde 6 Wochen alt. Der zweite 3 Monate. **Kaugummi Geschmack hält länger als die Lebensspanne eines Hamsters!** Die leiseste Brise - Lungenentzündung. Woran liegt das? Inzucht, oder sind die einfach nur extrem empfindlich? Also, mit Hamstern war das nix.

Da ist eine Katze schon wesentlich robuster. Ich hatte mal eine, die hatte ein Knubbel am Kinn, eigentlich war der Knubbel das Kinn, also bin ich zum Tierarzt. Ich musste erst mal pro forma 20,- € Praxisgebühr bezahlen. Dann gings rein zum Arzt. Der Arzt besah sich das Kinn, und war echt ratlos. Tja, sagte er, so was hab ich auch noch nicht gesehen. Vielleicht ´ne Allergie, oder ein Knubbel, oder...keine Ahnung. OK, sagte ich, jetzt geben Sie mir auch mal 20,- € und dann rate ich mal!

Bekleidung

Ihr kennt doch sicher alle KIK. Ist ja schon alles super billig und selbst ein bekanntes Model konnten die sich leisten: Verona Pooth. Aber kennt ihr auch Zeemann? Die unterste Schiene der Bekleidungsindustrie. **Verglichen mit Zeemann, ist KIK noch Gucci!** Ein Beispiel: Zeeman - komplette Skiausrüstung, Anzug, Mütze, Brille und ein paar Langlaufskier obendrauf - 4,99!! **Wahnsinn!** Oder - Fußballausstattung für Jungen: Trikot, Schuhe, Stutzen und Ball - 1,99!! **Ist der Hammer, oder?**

Schon mal die Prospekte gesehen? Teure Models können die sich bei den Preisen natürlich nicht leisten. Darum werden die Models wohl direkt vom Arbeitsamt engagiert. Ne Anzeige von Zeeman könnte etwa so aussehen: **SUCHE MODELS FÜR FASHION SHOOT BY ZEEMAN AUF 1 € BASIS. ALTER EGAL. AUSSEHEN UNWICHTIG! KOMPLETTES GEBISS UND SAUBERE FINGERNÄGEL ZWINGEND ERFORDERLICH! FÜR ERFRISCHUNGEN (KORN/COLA) WIRD GESORGT!** Neustes Angebot: Alle DVDs bekannter Spielfilme: 0,99 c. Frage. Unglaublich! Wie ist das möglich? Antwort: **Die Filme sind mit Handpuppen nachgespielt!**

Katzenklo

Meine Katze, Elmex, stinkt so, wenn der kackt, da verlässt sogar das Raumspray den Raum!

Willst du mal mit meinem Auto fahr´n?
Nö, ich will lieber Cellophan.

Jimmy Breuer Imitation (Von Einz Leif)
Hi Fans, was geht app-ah! Hey Leute, wisst ihr schon, was man aus Balsaholz Holz macht? (*Hau ab!!*) Ja, man macht BALSA-MICO daraus (*Verpiss dich!!*) Ja Freunde, weil Balsa ist ja so ähnlich wie *Balsa-mico*...der Essig.......
Spektakulose, oder? Ich geh jetzt mal ins Tal...ins **DIGITAL!** (*ich will mein Geld zurück!!*)
Oder, Freunde, ich sing jetzt erst mal ein Lied, das kann man aber nicht hören - ist nämlich ein Augenlid! Ja Super tschau mit vau - heute leider keine Zugabe!!
(*Zum Glück!*)
Ein hab ich noch: letztens sagt mir ein Freund: Du Jimmy, deine Emails sind immer so undeutlich. Die kann man ja gar nicht lesen! Ja logisch, die schreib ich doch immer mit **Fausthandschuhen!!** Jaaaa, Freunde, das war wieder der Witzegipfel!!!...Bis zum nächsten Mal.

Isolde von Stein

ENGLISCH LEHRERIN ISOLDE VON STEIN EMPFIEHLT DEN KURZ KURSUS HIER:

Kleiner Englisch Kurs:
This is great - das ist Grete.
The fish is great - der Fisch hat Gräten.
The Everglades - die Immerglatten
Three cheese up - Dreikäsehoch
Full throttle - Volltrottel
Cold case - kalter Käse
What else - Tante Else
Clap your hands – Klatsch den Hans (oder umgangssprachlich ´Hau den Lukas´)

11

JETZT NEU IM BAUMARKT! Mal wieder keine Steckdose in der Nähe? Oder ist die Schnur zu kurz? **JETZT NEU! DIE AKKU VERLÄNGERUNGSSCHNUR!** Da macht das Werkeln wieder Spaß!! Und im Nu machen wir aus einer langweiligen Elektro- Bohrmaschine einen Akkuschrauber!

Auszug aus dem Live Programm, was noch nicht stattfand:
ICH (betrete die Bühne)
(APPLAUS)
Tach auch!
(TOSENDER APPLAUS)
Freut euch nicht zu früh....!
So, zunächst möchte ich meine Mutter grüßen: Hallo Mama! Meinen Bruder, meine Schwester, Tante Else, Tante Helga in Hamburg und besonders die Belegschaft des Getränkemarktes bei mir um die Ecke. Hallo Leute, heute komm ich nicht. Ihr könnt also ruhig früher zumachen.

Die Begrüßung
Schon beim Betreten der Bühne komm ich ins Schwitzen. Wie soll ich mein Publikum begrüßen? Ich trau mich gar nicht, denn es ist ja schon alles belegt. Hallo erst mal! - nee. Na, ihr Spacken! - geht auch nicht. Na denn, wie wärs mit `Tach auch`! .....hat noch keiner?.....so, dann ist das jetzt meins! Ha, ich hab schon Mitleid mit allen Stand Ups die noch kommen. Da wird wohl nix mehr frei sein um sein Publikum zu begrüßen. Viel Spaß! (.......so, das ist jetzt auch meins!) Mein Name ist Össel. ...Ja, ich weiß, das ist nichts Tolles. Ich hätte auch lieber son coolen Namen wie Atze - Atze Schröder. Solch ne coole Sau, der Atze, und dann auch noch son coolen Namen, obwohl ich glaub, der heißt gar nicht so. Der ist schon so cool genug. der heißt bestimmt total uncool, Jochen oder Norbert. Ja genau, Norbert Schröder!

Nebenverdienst
Naja, ich wollte mir heute Abend ein paar Euro dazuverdienen, darum bin ich hier. Eigentlich wollte ich das ja hauptberuflich machen, aber soo lustig bin ich dann auch nicht!

Plastische Chirurgie

Weiter geht's mit Chantalle:
(38 Brustvergrößerungen)

So, Schönheitswahn, kennt ihr ja alle. Fast jeder Arsch in Hollywood ist schon geliftet - und im Gesicht wird auch rumgeschnippelt.
Manche Frauen lassen sich sogar die **Vagina** operieren. Schönheits O.P. an der Vagina? Was machen die denn da? An der Vagina? Wird die von innen tapeziert, oder was? G Punkt hellgrün lackiert?

Es gibt ja mittlerweile 10 000 verschiedene Faltencremes. Und wenn man die Werbung sieht, wirken sie fast immer. Aber warum nehmen die immer nur Models die im Schnitt erst 20 Jahre alt sind - und noch gar nichts mit Falten am Hut haben! Guter Trick! Als ich meine Schwiegermutter das erste Mal gesehen habe, dachte ich, ich wäre im Origami Kurs - so viele Falten! - Drei Knicke mehr, und du siehst aus wie ein Schwan!

Wollt ihr mal so richtig cool sein? Große Fresse ohne Risiko? Ihr Männer, dann passt mal auf:
Ehh, du Spacken, isch happ deine Mutter gefickt! Ja, ja , ich weiß, Papa! *Und , wat machse jetz?* Ist in Ordnung, Papa, du bist schon cool! Du brauchst mir nichts zu beweisen! *Hass du´n Problem, oder was?* Nee, Papa, kein Problem. Aber könntest du die Ghettosprache mal ganz kurz beiseite lassen, und mir sagen, wo der Autoschlüssel liegt? *Ehh, willz du mich anmachen oder was?.... Jaa,...Oben links im Schrank...*Tja, das ist große Fresse , ohne Risiko! Mach ich demnächst auch bei meiner Oma.

Salbe
Ich war letztens mal beim Hautarzt, weil ich hatte da schon seit mehreren Wochen so ein Jucken auf dem Kopf. Der Arzt hat mich dann genau untersucht, auch einen Allergietest gemacht, konnte aber nichts feststellen. Ratlos verschrieb er mir dann eine Salbe. Das ist immer so. Wissen die Ärzte nicht mehr weiter, verschreiben sie eine Salbe.

Ich bin Schreiner und habe das System jetzt übernommen. Ich hab für einen Kunden einen Tisch gebaut. Der wackelt ja, meint der Kunde.- Hmmm, kein Problem. Da verschreib ich Ihm mal eine Salbe!

Herr Ober! Die Pizza hat ja gar keinen Geschmack!
Hätte sie mehr, hätte sie ihre eigene Show!

JA LEUTE, MEIN KÖRPER IST MEIN KAPITAL,......NUR BEI MEINEM DERZEITIGEN AUSSEHEN, BIN ICH TOTAL PLEITE!

Entertainment 10000 BC

Fernsehen, wie wir es gerne hätten!!!

Mitten im Leben
Heute: Familie Wotzki
Hermann Wotzki (35) Arbeitsuchend
Hilde Wotzki (33) Hausfrau, ehem. Freizeit - Nutte
Baby Wotzki (1,5) Baby, Vater unbekannt

Das Baby schreit. Hilde Wotzki ist mit den Nerven am Ende. *Hermann, kümmer dich ma um dat Blach!*

Mann, eh, mitten in die Nacht muss ich den Scheißer füttern! Ich bin die ganze Woche schwer Arbeit suchend! Kannze mich nich ma ausschlafen lassen, du Schlampe?

Tu jetz aufstehen! Dat is doch schon halp zwölf! Willz ja auch später noch ´n Frühstück, oder?

Missmutig macht sich Hermann auf den Weg ins Kinderzimmer. *So geht dat die ganze Woche. Punkt halp zwölf fängt dat Rotzblach an zu schreien.* Die Nerven liegen blank.

Ich könnt den Pisser erwürgen! Hermann wirft ein paar Weißbrotscheiben in die Kinderkrippe.

Ich hoff, du erstickst dran! schreit er Klein Wotzki an und schleppt sich wieder ins Schlafzimmer.

Eh, Alte, jetzt wo wir schon beide wach sein tun, hasse kein Bock zu ficken? Hilde täuscht ein Koma vor und antwortet nicht.

In sonne scheiß Ehe muss man ja ausrasten!! Hermann macht sich auf die Suche nach seiner Kettensäge.

Plötzlich taucht Tine Wittler mit ihrem Team von `Schöner Wohnen` auf. *Wir haben gehört, Sie haben Schimmel im Badezimmer und das ganze Haus muss von Grund auf renoviert werden.* Die Wotzkis sind verstört.

Wat soll dat denn? Hermann Wotzki wird leicht aggressiv und stellt sich zwischen Tine Wittler und das Team von `Mitten im Leben`. *Wir haben hier schon genug Kameras und Scheiß Lampen!* schreit er Tine an.

Und lasst die gottverdammten Tapeten an der Wand!

Hilde Wotzki hat inzwischen Freundschaft mit dem Aufnahmeleiter von `Schöner Wohnen` geschlossen und beginnt sich langsam auszuziehen. *Fürn Fuffi mach ich allet wat du willz,* flüstert sie ihm zu.

Dann fang schon mal an im Wohnzimmer die Möbel raus zutragen, schlägt der Aufnahmeleiter vor.

KAMERA1, BLENDE 7, TAKE ONE auf Frau Wotzki, brüllt der Kamera Assistent.

Verpisst euch hier, raunzt das RTL Team die `Schöner Wohnen` Crew an.

Die Situation beginnt zu eskalieren.

Baby Wotzki hat inzwischen Zugang zur Kettensäge gefunden und fängt an, sei Kinderbett zu zerlegen.

Das ist aber nicht Teil unserer Renovierungsarbeiten, beschwert sich Tine Wittler.

Im ausgeräumten Wohnzimmer steht plötzlich Manni Ludolf. *Wo sind denn die Kühe hin?*

Wir sind hier nicht auf der Alm! brüllt der Aufnahmeleiter aus dem Schlafzimmer. Eine halbnackte Gina Lisa Lohfink kommt, sich räkelnd, aus dem Schlafzimmerschrank. *Ich brauch ne Zündspule für einen 74er Audi 100!*

AUS! Der Aufnahmeleiter von `Schöner Wohnen` ist am Ende seiner Kraft. *Wo zum Teufel ist denn Günter Ludolf? Der sitzt in der Küche und schläft. Dann weck ihn auf!! Wir brauchen jetzt sofort ne Zündspule für einen 74er Audi 100!!!*

Wir haben gehört, Hermann Wotski hat Hilde nur wegen ihrer

Lebensversicherung geheiratet, meldet sich unerwartet das Team von ´Verdachtsfälle`.

Jetzt wird's eng im Wohnzimmer der Wotzkis.

Als auch noch das Team der ´Schulermittler` im Kinderzimmer sein Equipment aufbaut, ist es vorbei mit Hermann Wotzkis Geduld. *Ich hab die Schnauze voll! Meine Alte is frigide, dat scheiss Baby geht mir auf´n Sack und hier iss alles voller Spacken!!* Auf so einen Ausrutscher hat RTL natürlich nur gewartet. *Haben Sie vielleicht auch Schulden?* Peter Zwegat, vom der Sendung ´Raus aus den Schulden` hat sich unbemerkt durch einen unterirdischen Tunnel gegraben und versucht jetzt die Situation an sich zu reißen.

Leider bekommt er nicht die volle Aufmerksamkeit des Hausherrn, der durch einstürzende Wände abgelenkt wird. *Und ich brauch auch kein Durchbruch zum Klo!* Erwin P. ,Schnäppchenhaus Teilnehmer aus Leipzig, lässt vor Schreck seinen Meißel fallen. *Ach du Scheiße, das ist ja gar nich mein Haus!*

Inzwischen hat Bauer Huber, der auf der Suche nach seiner Ziege zufällig in der Küche der Wotzkis gelandet ist, gefallen an Hilde Wotzki gefunden. Wie aus dem Nichts taucht Inka Bause auf.

Wird dieser fleißige Milchbauer endlich seine große Liebe finden? Hilde wird rot. *Ich hatte schon seit 25 Jahren kein Sex mehr,* flüstert Bauer Huber Hilde ins Ohr. *Dann wird's aber Zeit,* bemerkt eine ältere Frau, Gerlinde Schmittkobreit, von ´Schwiegertochter gesucht`.

Der gute Josef ist schon seit Jahren auf der Suche nach einer zärtlichen Frau! brüllt seine inzwischen vom RTL mit dem Hubschrauber eingeflogene Mutter in das versteckt positionierte Richtmikrofon.

Brutal wird Gerlinde in einen Lieferwagen gezerrt. *In 6 Wochen ist sie wieder zurück!!* ruft der Produzent von ´Endlich schön` und entschwindet mit quietschenden Reifen um die Ecke. Er verpasst nur knapp den 16Tonner, der mit 2 Bauschuttcontainern um die Kurve biegt. *Trödeltrupp!,* ruft Otto, der Trödelexperte, schon von weitem. Keiner nimmt in der angespannten Situation Notiz von ihm.

Warum nehmt ihr meine Alte nich auch mit? Bei der Fresse hapt ihr richtich wat zu tun! Hermann Wotzki ist in seinem Element. *Eh, Otto, oder iss in dein Container noch Platz für ne Hackfresse? Kannze auch vorher noch richtich durchnudeln.* Otto ist entsetzt. *Wir sind eigentlich nur an qualitativ hochwertigem Ramsch interessiert!* Fluchtartig verlässt der Trödeltrupp die Szenerie und lässt den mitgebrachten Sücrü als Joker zurück.

Die letzten Worte gehen im Lärm der Bagger und Planierraupen unter, die inzwischen den gesamten Gartenbereich der Wotzkis und den umliegenden Grundstücken von jeglichem Pflanzenwuchs befreien. Ein Schild ´Mein neuer Garten` wird in Kamera 3 gehalten. Eine übergewichtige Moderatorin springt aus dem Bagger und grinst dümmlich in die Kamera. Als jetzt auch noch ein asketischer Mittdreißiger mit ungefähr 4000 leeren Milchtüten und vergammelten Essensresten bei den Wotzkis im Keller entdeckt wird, kennt die Aufregung keine Grenzen mehr! Das Messi-Team, versteckt im Heizungskeller der Wotzkis wird zusammen mit Manni Ludolf verhaftet, das Haus wird Grün lackiert und die Sendung wird kurzerhand von Kai Pflaume weiter moderiert, der für eine

87jährige, lesbische Vietnamesin durch Verkupplung mit einem ledigen Milchbauern eine unbegrenzte Aufenthaltsgenehmigung erzwingen will.

Und nächste Woche:
Tine Wittler und Manni Ludolf tapezieren gemeinsam den Schrottplatz von Günter Ludolf, Kai Pflaume verliebt sich während der Sendung in Hilde Wotzki, das Baby wird von Angelina Jolie adoptiert und die Mutter, (neuerdings mit Körbchen Größe 39 DDD) von Josef, dem sympathischen Milchbauern, heiratet die eigene Schwiegertochter.

So sieht ein ganz normaler Tagesablauf eines Arbeitsuchenden aus:
(ohne Gewähr)

14:30 Hermann B. (Arbeit suchend) steht auf

16:12 Hermann B. (Arbeit suchend) sieht sich nach Arbeit um

16:12 Hermann B. (Arbeit suchend) guckt einen Porno

0:45 Hermann B. (Arbeit suchend) Zeit fürs Bett

17

Vorsicht beim Bestellen wenn man unter Kurzsichtigkeit leidet!

Die Nachteile des Schweizer Messers:

NOCH EIN PIZZA WITZ:

ODE AN DIE HÄSSLICHKEIT
Du bist so hässlich, dass die Schwarte kracht
Bei der Geburt hat der Arzt sich totgelacht
Dein Gesicht sieht aus, als wär`s vom Bagger überrollt
Bei Grenzübertritt wirst du als Abfall verzollt
Doch hab ich mich total in dich verliebt
Hab alle andren Frauen ausgesiebt
Und du, mein Stern, bist übrig geblieben
Weil alle andren Frauen **MICH** aussieben
Und küss ich dich ganz toll, zu Recht,
dann wird sogar den Nachbarn schlecht
Wir zwei sind hässlich wie die Nacht
RTL hat sogar ne Sendung gebracht
Hackfresse trifft Scheissgesicht -
verpass das nicht!

VATER WOTZKI
(Frühmorgens um 13:30)

Mutter Wotzki
(auch frühmorgens 13:30)

Baby Wotzki
(noch frühmorgenser um 10:30)

Das hauseigene Haustier
(Monatsende)

Was noch nicht viele wissen: Ich schreibe auch Gedichte. Ausgefeilte, hintergründige Prosa mit Tendenz zur Überflüssigkeit. **Seht selbst!**

Der Förster

Spitzt du den Bleistift
  mit 'nem Beil?
Statt `Guten Tag`
  sagst du `Sieg Heil`?
Schnitzt aus 'nem Baumstamm
  dir 'nen Keil?
Und strickst du Socken
  aus 'nem Seil?

Riecht deine Wohnung
  gar nicht geil?
Dein Lieblingsfilm
  ist `Seven Mile`?
Erschießt den Nachbarn
  mit 'nem Pfeil?
Dann furzt der Förster.
  `WAIDMANNSHEIL`!

OBERFÖRSTER
HASTIG

SEIN MOTTO:
NUR DIE RUHE!

PIZZERIA fellatio

da ist für jeden was dabei!

Der Weber
Wer hat *den* Teppich denn gewebt?
Das Muster ist nur aufgeklebt!
Der seine Stimme da erhebt,
dem hat was andres vorgeschwebt.
Der Meister, der sieht plötzlich Rot
und schießt den Teppichknüpfer tot.

Der Weber (2) (am besten vorgetragen mit türkischem Akzent)
Ein Weber aus Türkei,
macht Teppich, täglich zwei.
Doch keiner will bezahlen.
Die Muster tut er malen
mit Spiel `Malen nach Zahlen`.

Die andren Knüpfer war´n entsetzt
Hat Knüpferregel schwer verletzt.
Der Knüpfer hat nichts zu verlier´n
Tut Zigaretten importier`n.

Kuck - JING LING ...ist erste Klasse!
Hebt sich ab von Schmuggelmasse!
Doch erste Tote... Konsequenzen!
Tun den Verkauf drastisch begrenzen.

Da ist er besser mit dabei,
malt er Teppich......oder zwei!

Der Erfinder
Ein Erfinder ohne Zweck
erfand im ersten Jahr nur Dreck
Das zweite Jahr war auch nicht besser
erfand er Wasser, nur noch nässer
Und weil das nicht der Durchbruch war
verriss er auch im dritten Jahr
Im vierten Jahr, da sieht er ein
Erfindung muss benutzbar sein
Erfindet Telefon für Tasche
und gleich dazu die Abzockmasche

Werbung!!!!!

Wer hat einen Fernseher zu Hause? …. O.K. …alle....fragen wir mal so: Wer nicht? …..O.K. Keine Meldung. Worauf ich hinaus will, ist: **DIE WERBUNG ZWISCHENDURCH!** Öde, gelle? Aber nicht immer. Man kann sich auch anhand der laufenden Werbung seine eigene ausdenken. Hier ein paar Beispiele:

Ihr kennt doch alle die neue Werbung für PENNY: (**Erstmal zu Penny!**)
Hier meine Versionen:

Gut, gelle? Hier noch einer:

Jaaa, Ihr ahnt es schon...

Tja, so könnte es weiter gehen.... für Stunden und Stunden und........aber soviel Zeit haben wir ja nicht! Also kommen wir zum nächsten Beispiel:

Und jetzt aber.....

Noch´n Gedicht:
...und schon wieder Weber... :(

Es war einmal ein Weber,
der benutzte sehr viel Kleber.
Er konnte gar nicht weben,
konnt nur die Muster kleben!

Und jetzt auf ausdrücklichen Wunsch!

Neues von Familie Wotzki (bekannt aus Mitten im Leben)
Heute: Familie Wotzki plant einen Urlaub

Seit der letzten Sendung `Mitten im Leben` sind ein paar Wochen vergangen. Nur Tine Wittler ist drangeblieben und hat im Vorgarten der Wotzkis ein provisorisches Zelt für sich und die Mitarbeiter der Sendung aufgebaut. Sie versucht sich mit Stuckarbeiten an der Außenfassade des Hauses über Wasser zu halten und die Sendung (und ihr Gehalt) zu retten. Ebenfalls noch anwesend ist Peter Zwegat, der noch immer auf einen Transporter wartet, der ihn und seinen riesigen Notizblock abholen soll.

Morgens um 13:30 im Haushalt von Familie Wotzki. Der Schlafanzug sitzt, der Kaffee Ersatz brodelt vor sich hin. Hermann Wotzki hat ausnahmsweise mal gute Laune. *Mit dat Kindergeld und den Bekleidungs Zuschuss könn wir ja ma locker 2 Wochen in´Urlaub!* ‚sinniert er schwer atmend über ein Prospekt von KIK, ‛‛Damenunterwäsche zum Schnäppchenpreis´´, am Frühstückstisch.
Wie willze denn mit knapp 300 € in´Urlaub fahrn? fragt Hilde vorsichtig an.
Wir können ja ein Umzug vortäuschen und den Einrichtungsbonus und die Renovierungskosten noch drauf packen. Dat macht dann über 1000 €. Genuch für´n Bett und Breckfest inne Karibik!
Den Kurzen lassen wir aber bei deine Mutter! Hilde Wotzki lockert sichtlich auf.
Warum gehse nich auch bei deine Mutter und ich fahr alleine? schiebt Hermann nach.
Dat wüsst ich aber! Entweder beide oder keinen! schreit Hilde. Bei solch komplexen Äußerungen bleibt natürlich die Deutsche Grammatik voll auf der Strecke.
Noch nich ma dat Dativ kannze, prustet Hermann Wotzki. Hilde erkennt den Grund seiner plötzlichen Heiterkeit nicht. *Dativ...wat soll dat denn, bisse jetz schwul, oder wat?*
Ich kann die scheiß Kameras und Reporter einfach nich mehr ertragen, schreit Hermann.
Das ist einmalig! Genial! So ein Talent sucht unsere Show! ruft Motzi Mabuse, neuestes Mitglied bei `Supertalent`, die die Nacht auf der Suche nach einem neuen Kandidaten im Wandschrank der Wotzkis verbracht hat und sich quälend langsam aus dem engen Schrank windet. *Wat is dat denn? Bringse jetz deine Flittchen schon mit nach Hause?* Hilde Wotzki sieht rot und sich suchend nach dem 16 teiligen Ginsu Messerset um.
Hat´s hier gebrannt, oder warse zu zu lange bei die Sonnenbank? fragt Hermann die dunkelhäutige Motzi.
Der Dieter hat gesagt, er braucht eine Partnerin, die genauso gebräunt aussieht wie er, und hat mich aus Ghana importiert, zwitschert Motzi und dreht ab, um sich mit Peter Zwegat über die Finanzierung eines Sonnenstudios zu unterhalten.
Der Freskenmaler vom Schöner Wohnen Team fällt bei der Aussage von Peter Zwegat fast vom Gerüst. *Sachte, sachte,* vermittelt Tine zwischen dem ein Euro

Jobber und Peter Zwegat. *Jeder hat hier eine Chance auf Umfinanzierung!*
Da bin ich aber froh! säuselt der gelernte Buchbinder, den Tine Wittler auf dem
ein Euro Arbeitsmarkt für den RTL Streifen gewinnen konnte. *Ich hab 5 Kinder*
und brauch unbedingt eine 3 Zimmer Wohnung. Mein Kinderzimmer bei meinen
Eltern wird langsam echt eng für uns 7!
Wetten, dass sie es nicht schaffen, den Wotzkis einen sechs- wöchigen
Karibikurlaub mit All Inklusive innerhalb von 1 Stunde zu organisieren, raunzt
Hermann Wotzki, bekleidet mit einer Thomas Gottschalk Pappmaske, Tine Wittler
ins Ohr.
Ich arbeite nicht fürs ZDF, erregt sich Tine und bricht endgültig ihre Zelte am
Wotzki Haus ab.
Jetzt liegt alles bei Hermann Wotzki und seinem unübertroffenen
Improvisationstalent. Nur noch eine einzige versteckte Kamera und Motzi Mabuse
verknüpfen den Arbeit suchenden, ungelernten Hilfsarbeiter mit der Außenwelt.
Hermann erkennt seine Chance. *Ich....wir....wollen uns bei X DIARIES bewerben!*
brüllt Hermann verzweifelt in die versteckte Kamera hinter seinem Toaster. *Aber*
nich mit der da! schreit Hilde, und zeigt auf Motzi Mabuse, die just in diesem
Augenblick mit dem Freskenmaler über eine mögliche Teilnahme am
SUPERTALENT verhandelt. *Ne, ne, beruhich dich ma,* tröstet Hermann seine
überdrehte Frau, *nur wir beiden, den kleinen Scheisser lassen wir hier.*
In der Schaltzentrale von RTL beobachtet der Produzent von X Diaries zufällig
den Monitor der versteckten Kamera. *Die Wotzkis sind ideal für eine authentische*
Sondersendung X DIARIES MALLORCA! informiert er den Skriptwriter, der sich
gelangweilt auf einem Bürostuhl herum lümmelt. *Na endlich wieder mal eine*
Story, die sich von selbst schreibt, entgegnet er mit Blick auf die sich am Boden
wälzenden Streithähne Hilde und Motzi. *Geritzt!* schreit der Produzent, und
informiert die Sendeleitung über seine geplante Sondersendung.
Und so kommt Familie Wotzki zu einem Gratisurlaub auf Malle.

Und nächste Woche: Die Wotzkis bei den X Diaries, Hilde Wotzki geht
einem spanischen Heiratsschwindler auf den Leim und verzockt die
gesamte Urlaubskasse. Hermann Wotzki trifft sich heimlich mit Motzi
Mabuse und offenbart ihr sein heimliches Talent: Tipps und Tricks beim
Abkassieren von Hartz IV.

Und jetzt mal Ratestunde!

Wer könnte das sein??

Kleiner Tipp zu 1: Er singt und macht seit ungefähr 120 Jahren Musik

2:Trägt ständig ein Halstuch, um seine Halsfalten zu verstecken

3: Alle Frauen lieben ihn! Warum nur?

4: Sein Vorname bedeutet übersetzt: HOLZIG

Antworten bitte aufschreiben und gut verwahren!

So verändern Drogen und Alkohol den Menschen!

Beispiel: Jochen Schmitt (28), Buchhalter

Hier sehen wir also Jochen Schmitt mit seinem gewohnten Gesichtsausdruck und seiner gewohnten Stimmung. Aber was passiert bei einer Betriebsfeier nach vier Wodka Orange und sechs Jägermeistern?

Kein schöner Anblick, nicht wahr? Aber es könnte noch schlimmer kommen. Zum Beispiel beim Konsum von illegalen Substanzen – kurz Drogen!

Sieht aber irgendwie besser aus als besoffen, oder?

Engel

Ist euch schon mal aufgefallen, dass die Engel meistens Trompete oder Harfe spielen?...**NACKT!!**

Ich habe noch nie einen am Keyboard gesehen, oder am Bass. Was spielen die denn für Musik, die Engel?

Trompete und Harfe...Was ist das denn für ein Sound?

Stellt euch mal vor, die geben ein Konzert. Da stehen also ein paar Typen mit Harfe und Trompete auf der Bühne – **nackt!** Das ist ja besser als Franz Beckenbauer bei Cirque de Soleil, oder?

OH...ENTSCHULDIGUNG!
FALSCH VERBUNDEN ....

HARZ IV

Montag ist der neue Freitag

DIMOKLOTES 94 V. CHR.

NEUES AUS DEM GUINESS BOOK:

13. **März 2011: Eckfried Wombeck fährt mit seinem mechanischen Rollstuhl 218 Km/H (Bergab).**
NEUER REKORD!
Herzlichen Glückwunsch Herr Wombeck und gute Besserung!

NACH DER ERSTEN ERFOLGREICHEN MEISTERSCHAFT IM
ROLLSTUHL CRASH RACE
(7 SCHWERVERLETZTE, 4 INTENSIVSTATION, 1 KOMA)

PRÄSENTIERT DIE AOK JETZT:

DAS 2TE ROLLSTUHL CRASH RACE 2011

IMMER GUT VERSICHERT MIT DER AOK!

Und nun wie angekündigt:

Urlaub mit Familie Wotzki (bekannt aus Mitten im Leben)
Heute: Die Wotzkis bei den X Diaries, Special Edition- Mallorca

Nach sechseinhalb Stunden Flug mit ´Bretter Air`, einer rumänischen Billig-
Airline, landen die Wotzkis endlich auf dem sonnigen Mallorca. Das Baby haben
die Wotzkis wie abgesprochen nicht mitgebracht. Hermann hat es kurz vor dem
Flug heimlich durch die Katzenklappe ins Haus seiner Schwiegermutter
abgeschoben.
Die Wotzkis stehen vor dem Flughafen und halten Ausschau nach einem Taxi.
Hermann Wotzki, als Minimalist bekannt (zumindest was Arbeit angeht), zeigt sich
auch im Urlaub von seiner sparsamen Seite. Für eine Woche hat er lediglich
einen Turnbeutel mit Unterhose, Socken, Badeschlappen, eine Stange Zigaretten
und einen Multizweck Flaschenöffner eingepackt. Hilde müht sich mit vier
Überseekoffern und zwei überdimensionalen Reisetaschen ab.
Mann, iss dat heiß hier, stöhnt sie. *Kannz ja wieder einsteigen und bis nachen
Südpol weiterfliegen. Da isset bestimmt kälter!,* lautet die geologisch fundierte
Zurechtweisung von Ehemann Hermann.
Die Augen suchend auf ein freies Taxi geheftet, springt plötzlich Mark Medlock in
Hermanns Gesichtsfeld.
Na, ihr Arschlöscher! Eusch Arschgeigen kenn isch doch aus dem Fernsehen!
brüllt er die Wotzkis an.
Instinktiv federt Hermann in die Grundstellung des Haka-Sin, einer Abart der
fernöstlichen Kampfsportart Karate. *Wat biss du denn für einen?* Hermanns
Nerven sind zum Zerreißen gespannt.
Mark hält das ganze für einen promotional Gag und macht einen Schritt nach
vorne um Hermann auf die ihm eigene, Medlocksche Art, zärtlich zu umarmen.
Verwirrt schnellt Hermann blitzschnell um seine eigene Achse, bringt seinen
Oberkörper spielerisch mit einem Shoko-San in einen 90° Winkel mit seinem
linken Arm und knallt Mark Medlock seinen Sportbeutel voll in die Fresse. Blutend
bricht das DSDS Ausnahmetalent auf dem Gehweg zusammen.
Dieter Bohlen, der die ganze Aktion aus seiner Stretch Limo beobachtet hat, wirft
sich schützend über seinen Protegé. *Das ist doch Mega Scheiße, Wotzki,* mosert
er, *der Mark hat doch heute Abend noch ´ne Show auf dem Ballermann! Dann
lass ihn doch Playback singen,* ist die lapidare Antwort von Hermann.
Ähh..Ich kann auch singen! meldet sich Hilde Wotzki überraschend zu Wort, und
nestelt dabei an den oberen 5 Knöpfen ihrer Bluse. Dieter murmelt etwas, das
sich anhört wie ´Mega Kacke´ und schleift Mark in Richtung der herannahenden
Ambulanz.
Als erster hat Hermann sich wieder gefasst. *Du siehs lieber ma zu, dasse deine
Koffer int Hotel kriss,* schlägt Hermann seiner Frau unmissverständlich vor, und
heftet sich sabbernd an die Fersen einer vorbeigehenden Inselschönheit im
String-Tanga. *Wir sehen uns dann später ...im Hotel, ähm... ich muss noch die
Badeschlappen verzollen,* murmelt Hermann und entschwindet eilig um die
nächste Ecke.

Zweieinhalb Stunden später…..

Hilde Wotzki, die den ganzen Weg vom Flughafen bis zum Hotel gelaufen ist, weil kein Taxi sie und das ganze Gepäck mitnehmen wollte, schleppt sich die letzten Meter die Hoteltreppe rauf. Oben wartet schon ungeduldig das 20 köpfige Team von X Diaries. Gespannt verfolgen sie jede Bewegung. Als Hilde oben mit ihrem 6teiligen Gepäckset völlig erschöpft zusammenbricht, brüllt der Aufnahmeleiter: *Fertig Leute! Szene 1, Kamera 3, Wotzki die vierte!*
Wieso die vierte? fragt Hilde verwirrt. Gutgelaunt schlendert Hermann ins Bild. Frisch geduscht und durch eine japanische Massage aufgelockert, hat er natürlich alle Trümpfe auf seiner Seite. *Weil die schon 3 Einstellungen von mir haben. Hättz dich ma mehr beeilt!* Hilde ist kurz vor einem Nervenkollaps. *Hermann ich kann nich mehr! Trach du das Gepäck ins Zimmer. Wie?... wat für'n Zimmer?* Hermanns ausgeglichener Machoblick droht zu entgleisen. *Ich happ ein Einzelzimmer, wat du hass, weiß ich nich. Aber, geh ma bei die Rezeption, ich glaub, die vermieten auch Zelte. Uuuuuuund Cut!* Sichtlich zufrieden nickt der Aufnahmeleiter Hermann zu. *Gut gemacht!*
Muss ich eigentlich auch wat auswendig lernen? fragt Hermann vorsichtig beim Regieassistenten nach. *Überhaupt nicht. Die Zuschauer von X Diaries sind holprige Ausdrucksweise von Amateur Darstellern schon gewohnt. Und wenn alle Stricke reißen, blenden wir wie immer Musik und Momentaufnahmen von spärlich bekleideten Standbesucherinnen ein!* Sichtlich erleichtert lässt Hermann seinen Ratgeber ´Büttenreden für Anfänger´ im mitgebrachten Turnbeutel verschwinden. Doch wie geht es weiter mit Hermann und Hilde?
(Fortsetzung folgt.....)

...nach einigen schlaflosen Nächten und der ungetrübten Wahnvorstellung des Produktionsleiters, hier die Fortsetzung: Die Wotzkis – X Diaries Special Edition – Malle!

Nachdem sich Hermann in seinem 5 Minuten Auftritt vor der Kamera gesonnt hat, zieht er sich gemächlich zu einer mittäglichen Siesta auf sein Zimmer zurück. Hilde hat inzwischen sämtliche Register gezogen, und unter Aufbietung ihrer gesamten sexueller Reize den Liftboy derartig beeinflusst, dass er ihr ein Zimmer in seiner nahe gelegenen Miet-Mansarde überlässt. Das Team von X Diaries lechzt natürlich nach derartigen Konstellationen und verstellt mit einem Überangebot an Kameras und Statisten das gesamte Grundstück des unschuldigen Liftboys. *Kamera drei...Close up auf Emilio ....und Roll!*
Emilio, der Liftboy hat Feierabend und kehrt zu seiner Mansarde zurück. Gekonnt streicht er sich das volle, schwarze Haar aus der Stirn, und klopft theatralisch an seine Apartment Tür.
Hilde setzt sich mit einem knappen Bikini gekonnt in Szene und öffnet dramatisch die Tür. *Hola, ma Cherie!*
Und cut! brüllt der Aufnahmeleiter. *Wir arbeiten hier nicht an einem Oskar! Natürlichkeit! **Natürlichkeit! Und keine Fremdwörter!** Wir haben es hier mit Mittelklasse Publikum auf unterstem Niveau zu tun!*

Iss schon O.K. Hilde Wotzki kommt auf den Boden der Tatsachen zurück. *Soll ich sagen, Emilio hat mich geschwängert?* ist die vorsichtige Frage von Hilde.*GENIAL!* Der Produzent reißt mehrere Seiten aus seinem Notizblock, und fügt handschriftliche Ergänzungen ein. *Jetzt nur noch ein Wort von Hermann!* Nur 15 Minuten später hat sich das TV Team vor Hermann Wotzkis Hotelzimmer postiert. Eine fingierte Feuerübung veranlasst Hermann an seiner Hoteltür zu lauschen. Mit der zum Team gehörenden Gabriella, Mitglied der Putzkolonne in der 6ten Etage und Freizeit Stripperin, zieht RTL alle schauspielerischen Register: *Olla, isch abe mein Bikini Öberteil verloren, und wollte wisse ob du gefunde hass?* Simultan zum Satzende reißt Hermann die Tür auf und verzettelt sich in eine uneingeübte Spontanantwort; *Si...Good morning..Kartoffelsalat...caliente...kein Oberteil? Ich nicht verheiratet...come in ...please...No problemo! ...*Plötzlich wird er sich der auf ihn gerichteten 12 Live Kameras bewusst und schlägt spontan einen anderen Ton ein: *Ohh... ich bin verheiratet und liebe meine Frau über alles! Wo ist sie nur? Hilde , ohh meine Hilde! Aber du kannst gerne reinkommen und Staubwischen!*
Das reicht jetzt, entscheidet der Aufnahmeleiter, und fügt seinen Passantenjoker ein: *Hilde hat einen spanischen Liftboy kennengelernt und ist schwanger!!* *Dat iss jetzt ein Werbegag, oder?* Hermann sieht sich suchend nach einer Sprachtafel um. *Wo iss denn der Text?* Wie wir alle wissen, schaltet die Regie in solch delikaten Szenen natürlich auf andere Teilnehmer von X Diaries um, wie zum Beispiel auf Lotte: **MEGA MÖPSE, UND IMMER NOCH SINGLE!** Sichtlich erleichtert hört Hermann den *CUT* Schrei und widmet sich wieder seiner spanischen Putzfrau, die mittlerweile nur noch ein Stirnband und ein Swiffer Staubmagnet trägt.
Da happ ich ja noch ma Glück gehapt! rezitiert Hermann, *Meine Alte geht öfters fremd und versucht mir Kids unterzuschieben. Ich mach da einfach ein auf keine Ahnung!*
Doofe Sprüche machen keine Sendung, denkt sich der Sendeleiter, und beginnt mögliche Kandidaten in die Sendung zu integrieren. Josef, ein 45 jähriger Bauernbursche, der noch bei seiner Mutter auf dem Hof lebt, und noch keinerlei Erfahrung mit dem weiblichen Geschlecht hat, ist ein möglicher X Diaries Kandidat.
Hilde Wotzki läuft oben ohne, nur mit einem Fetzen bekleidet durchs Bild der Kamera 4. *Wo sind denn all die ledigen Bauernburschen hin?* ruft sie und trifft damit voll den Geschmack der Regie. *Ausgezeichnet! Jetzt nur noch 4 Sendeminuten, und wir sind für diese Woche durch!* Die Kameraleute klappen schon mal ihre Stative zusammen. *Und wieder geht ein ereignisreicher Tag auf Mallorca zu Ende!* rezitiert gerade die Abspannstimme, als Motzi Mabuse und Mark Medlock Hand in Hand durchs Bild schlendern....

Aber das ist schon wieder Material für die nächste Drehwoche!

Sex

Sex wird total überbewertet. Im Gegensatz zu anderen Hobbys braucht man aber nix mitzubringen. *Man hat alles dabei!* Man kann sich nicht raus reden, hab mein Equipment zu Hause vergessen, liegt im Auto, iss kaputt.....,denn: *Du hast alles dabei!* Penis.....Moment.....*hab ich dabei!*
Du kannst eine Frau in der Wüste treffen; keine Klamotten, kein Wasser, kein Geld!... aber ihr könnt sofort loslegen, denn: *Ihr habt alles dabei!*
Nun, dass das nicht ganz so einfach ist, haben die Frauen mal wieder bewiesen. Ein einziges Argument macht selbst den unmissverständlichen Satz: *Wir haben alles dabei!* zunichte: Heute nicht - hab Migräne!

Wenn man längere Zeit kein Sex hatte, ist man natürlich Ruck Zuck fertig wenn man mal wieder zum Zug kommt. Und die Frau ist sauer: Ahh... Weichei... nicht mal 3 Minuten! Das ist doch wohl logisch; mit einem Auto was 3 Jahre in der Garage gestanden hat, kann man auch nicht sofort mit Vollgas losfahren!

Express Paket Bote Norbert (Jungbrunnen-Nobbi) Maier, 74 (kurz vor seiner Pensionierung)

(hier bei einem seiner hektischen Tage)

...Und hier sein Nachfolger `Der Rasende Rupert`

Wenn der Rollstuhl Mechaniker schlampt....

Bungee Jumping – einmal anders...

Miss America

Schon mal gesehen? Um ihre Intelligenz zu testen, werden den Kandidatinnen am Schluss immer so Fragen gestellt, wie: Was würden Sie tun, um den Weltfrieden zu retten? Was würden Sie tun, wenn sie Präsidentin wären? Wie regeln Sie den Hunger in Afrika? ...LANGWEILIG!.....
Wie wäre es hiermit? - Wie würden Sie Hörbücher für Taube produzieren?
".......Äh..........zunächst würde ich....ähhh....das Hörbuch in Gebärdensprache auf DVD aufnehmen.....äh....und dann....." *Ja! Dann wär`s aber kein Hörbuch mehr, oder?* .....Schluchzend zieht sich die Teilnehmerin in den Back Stage Bereich zurück.......

Werbung
Keiner zockt uns so ab wie die Kirche, die Banken und die Werbung. Beispiel:
AXE DEO: Vorher: Stinkt wie ein arbeitsloser Penner, von allen verachtet,
geschmäht, von Hartz 4 gezeichnet.
Nachher: (3 Spritzer AXE Naturbursche, Original Formula) Sieht aus, als kommt
er direkt aus dem Olympischen Dorf, Zehnkämpfer, Mitglied der Dreisprung Gilde,
Microsoft Experte, Mercedes Fahrer......und die Wirklichkeit? Du siehst genau so
aus wie vorher, von Frauen verachtet, geschmäht, von Hartz 4
gezeichnet,.....aber du riechst geil!

Super Kleber
Habt ihr euch schon mal gefragt, wenn Super Kleber alles klebt, von Leder, Stein,
Plastik, bis Holz und Papier.....warum klebt dann der Deckel nicht an der Tube
fest? Haha - aufgeflogen!

Jochen Schweitzer.....
wer kennt ihn nicht? Außergewöhnliche Geschenke. Aber jetzt hat er Konkurrenz:
Jochen Jott!!"
Ein unbedarfter Neuling in der Unterhaltungsszene bietet ihm Paroli mit folgenden
SUPERSCHNÄPPCHEN!

1. Seilhüpfen am Äquator
2. Rock Climbing in der Ägäis
3. Schlittenfahren am Nordpol
4. Bungeejumping Extrem: Ohne Netz + Sturzhelm, kopfüber in den Grand Canyon
5. Helikopter Rundfahrt ´Gaza Streifen´
6. Unangemeldeter Rundflug mit Sportflugzeug in N.Y.
7. Stadtrundfahrt mit Picknick in Somalia
8. Sightseeing mit ´Ausländer Raus` - T-Shirt in Berlin Neukölln
9. Stilvoll durch Kingston´s Innenstadt mit Aktentasche, Krawatte und Anzug
10. 3 Tage Haarlem im Adidas Anzug
11. Tellertauchen im Toten Meer
12. Spaß Tour durch Washington (im Turban und mit Vollbart)

Parkplatz
Um den Innerstädtischen Parkplatzmangel zu beseitigen, hier was revolutionäres:
Parkplätze aus Treibsand!

Winfried F. ́s Sensationssprung
aus dem Helikopter (Guinness Book Material)

Gut, dass wir die Schwerkraft haben, sonst würden die Vögel ja einfach da oben bleiben wenn sie sterben!

Und wieder treffen wir die Wotzkis. Diesmal bei einer Einladung zum Jobcenter.

Jobcenter Kreis Besinghausen, Karl-Schumacher-Allee 1, 00540, Besinghausen

DV 18 0,55 **Deutsche Post**

Herr
Hermann Wotzki
Gartenstrasse 212
66548 Besinghausen

Ihr Zeichen:
Ihre Nachricht:
Mein Zeichen: 020-C-3450080467
(Bei jeder Antwort bitte angeben)

Name: Herr Göhrke
Durchwahl: 02243 555 212
Telefax: 02243 555 213
E-Mail: ...
Datum: 12. Oktober 2011

1. Einladung

Sehr geehrte Herr Wotzki

bitte kommen Sie zum unten angegebenen Termin

Jobcenter Kreis Besinghausen, Wilhelmstr. 10, 66548, Besinghausen

Ihre Termindaten:
Datum   **Freitag, den 21. Oktober 2011**
Uhrzeit   **um 09:00 Uhr**
Raum   **3.12**

HerrGöhrke möchte mit Ihnen über Ihr Bewerberangebot bzw. Ihre berufliche Situation sprechen.

Bringen Sie bitte noch zusätzlich folgende Unterlagen zu diesem Termin mit:

- Bewerbungsunterlagen

Dies ist eine Einladung nach § 59 Zweites Buch Sozialgesetzbuch (SGB II) in Verbindung mit § 309 Abs. 1 Drittes Buch Sozialgesetzbuch (SGB III).

Wenn Sie ohne wichtigen Grund dieser Einladung nicht Folge leisten, wird Ihr Arbeitslosengeld II bzw. Sozialgeld um 10 Prozent des für Sie nach § 20 Zweites Buch Sozialgesetzbuch (SGB II) maßgebenden Regelbedarfs für die Dauer von drei Monaten gemindert.

Beachten Sie bitte unbedingt auch die nachfolgende Rechtsfolgenbelehrung und die weiteren Hinweise.

Unter bestimmten Voraussetzungen können Reisekosten erstattet werden. Falls ein öffentliches Verkehrsmittel benutzt wird, legen Sie bitte den Fahrschein vor. Bitte bringen Sie auch Ihren Personalausweis oder Reisepass mit.

Mit freundlichen Grüßen
Ihr Jobcenter

Dieses Schreiben wurde mit Hilfe einer elektronischen Datenverarbeitungsanlage gefertigt und ist deshalb nicht unterschrieben.
Für seine Rechtswirksamkeit ist die Unterschrift nicht erforderlich.

Hermann begibt sich pflichtgemäß, schnurstracks zum angegebenen Termin ins Jobcenter.
Natürlich begleitet ihn die Crew ´Mitten im Leben´

H.W.   Tach. Wat iss?

A.A   Bitte kommen Sie doch herein. Setzen Sie sich bitte!

H.W.   Nee, lass ma. Ich steh lieber.

A.A.   Bitte, Herr Wotzki, das wird doch ein Weilchen dauern.

H.W.   Wat, wie lange denn? Ich hap um 12:00 Uhr ´n Vorstellungsgespräch.

A.A.   Ach wirklich? Wo denn?

H.W.   Bein Krankenhaus. Die suchen noch ein Anastosisten, oder so ähnlich.

A.A.   Wie?? Sie haben Qualifikationen zum Anästhesisten?

H.W.   Ja logisch, Meister.

A.A.   Ja, warum haben Sie mir denn nichts davon gesagt?
(Kamera 3, Schwenk, Rundumaufnahme vom depressiv eingerichteten Besprechungszimmer des Arbeitsvermittlers. Kamera 2 Geht in die Totale – mit Fragezeichen)

H.W.   Ja watt, dat weiss ich ja selber erst seit drei Tagen.

A.A.   Äh... das versteh ich jetzt nicht so ganz. Ihr Portfolio beschreibt Sie als ungelernten Hilfsarbeiter.
(A.A. verstört, Gesichtszüge entgleisend, auf eine Vermittlung, und damit auch auf eine Beförderung zum Ober-Vermittler hoffend, wartet er auf eine Antwort)

H.W.   Ja, wo ich letztens bei mir inne Stammkneipe war, happ ich som Spacken eine reingesemmelt, und da haben alle gesagt, ich könnte auch als Anäsist inn Krankenhaus arbeiten – ein Schlag – Koma!
Und dat alles ohne Maske!

A.A.   Ja, ja, sehr schön. Aber das qualifiziert Sie ja wohl kaum zum Anästhesisten!

H.W.   Wenne meinz. Wat hasse denn anzubieten?

A.A.   Ich habe hier eine Stelle als Forstarbeiter auf ein Euro Basis. Wege harken, usw......

H.W.   Brauch ich da ´ne Maske?

A.A.   Ja, aber nur an Halloween. Da haben die Gruselnacht im Park.

H.W.   Na klasse, da kann ich ja meine Frau mitbringen!

A.A.   Ebenfalls auf ein Euro Basis, versteht sich, oder?

H.W.   Aber die Fahrkosten zahlt Ihr, ne?

A.A.   Ja, Antrag stellen!

H.W.   Boh eh, dat hört sich ja gut an. Ich happ noch ´n Nachbar, der sieht schon ohne Maske krass aus!

A.A.   Einfach mal mitbringen.

H.W.   Gibt dat Vermittlungsgebühr?

A.A.   Ja, aber nur auf Antrag. Und Sie müssten dann auch ein Kleingewerbe anmelden.

H.W.   Auf wat denn?

A.A.   Einzelhandel mit Reisegewerbeschein.

H.W.	Kann ich damit auch nach Malle?
A.A.	Wenn Sie sich hier vorher ordnungsgemäß abmelden, sicher.
H.W.	Wat iss denn dann mit mein Harz IV ?
A.A.	Herr Wotzki, mit einer Gewerbeanmeldung haben Sie sich doch von jeglicher Unterstützung vom Staat distanziert, oder?
H.W.	Oder wat?

H.W. *(Kamera 4 – Totale auf Hermann Wotzki, Close up auf die hochgekrempelten Ärmel seines Hemdes, die auf dem Arm ein dilettantisches Tattoo ´ARBEIT ISS FÜR DOOFE´ und ein Strichmännchen offenbaren.*
Schwenk auf A.A., Weitwinkel, Blende 4, mit Weichzeichner)

H.W. Ich glaub, jetzt gibt dat ers ma ne Kostprobe von dem Anästhesist.....
(Kamera 2, Close up auf Hermann, der A.A. den Bürostuhl voll über den Kopf semmelt.
Wat meinze, bin ich qualifiziert, oder wat?

A.A. Ich ruf Sie dann an. *(rappelt sich mühsam vom Boden auf)*
Übrigens, ich würde die nächsten paar Monate nicht mit einer Zahlung rechnen.

H.W. **NEIIIIIIIIIIIIIIN!!!!!!!!!!!!!!**

Hilde Hermann, watt iss? Wat machse denn für´n Krach? Schlecht geträumt, oder wat?

H.W. *(Schweiß überströmt, Kissen nassgeschwitzt und Bettdecke weg gestrampelt, erwacht Hermann aus seinem Albtraum und kehrt in die Gegenwart zurück.)*
Boh eh- Glück gehabt. Ich dachte schon, ich muss arbeiten gehen!

Hilde Zum Glück iss dat nix schwules, oder?
Ausblendung – Überleitung zum Messi Haus der Familie von Stein........

Überleitung zum Messi Team, das sich heute bei Familie von Stein befindet.

Familie von Stein, bestehend aus:
Klaas von Stein
Chantal von Stein
und den Vierlingen Brittney, Ariane, Sepp und Jochen

Sie alle leben in einem 230 qm, vollgemülltem Einfamilienhaus im noblen München Schwabing.
Klaas, ausgebildeter und praktizierender Proktologe mit eigener Praxis und seine Frau Chantal, studierte Zufallsforscherin des Institutes Heidelberg für angewandte Verhaltensforschung und Regenerations Dialyse, haben sich ausnahmsweise mal freigenommen und treffen sich mit dem RTL Team in ihrer Nobelvilla.
Das Team ist startklar, die Kamera läuft, und Sabine Hankel-Hirtz hat auch schon ihre Ansage gemacht. Nach einem ersten Schwenk auf die desolaten Zustände im von Stein Haushalt, meldet sich zuerst Klaas zu Wort: *In Anbetracht der hier*

herrschenden Umstände zu rein zivilisations bezogener Lebensqualität, kann ich mein Leben hier mit 4500 leeren Suppendosen und dem psychotischen Sammelzwang meiner Frau Chantal mit Schwerpunkt Joghurtbecher, einst und jetzt, und diversen Sammelobjekten aus Sperr,- und Sondermüll nicht mehr gelassen entgegentreten und bitte um Hilfe vom Messi Team!

Na klar! Chantal wühlt sich aus der vollgemüllten Designer Küche, eine halb vergammelte Pizza haftet unter ihrem linken Designer Schuh (Manolo Blanic), und tritt in Kamera 4. Der derzeitige Zustand steht sicher nicht in alleiniger Verantwortung meiner Wenigkeit, selbstdestogleich hat mein Mann, Kevin, sicher dazu beigetragen, dass die hier herrschenden Lebensumstände eine momentane Unpässlichkeit in Bezug auf Lebensqualität und Lebensfreude einen negativen Eindruck hinterlassen!

Verständnislos sieht sich der Produktionsleiter vom Messi Team nach kompetenter Hilfestellung um. (Was ist denn hier los? Wir hatten doch bisher immer nur Vollpfosten mit begrenzter Sprachdynamik?)

Grammatikprofessor Ingo van Beuten, als Meditationsjoker auf Abruf bereitgestellt, springt helfend ein.

Ich bin ja eigentlich bei N24, aber für eine deftige Vergütung kann ich das für euch übersetzen, teilt er dem Verantwortlichen hinter vorgehaltener Hand mit. Überrumpelt, rütlos und verwürrt, die drei großen Ü´s der Unterhaltungsbranche, zwingen den Produzenten zu einer Entscheidung. Das hatten wir ja noch nie! Vollbeschäftigte Messis, die auch noch eine überdurchschnittliche Intelligenz besitzen! Eine neue Konstellation tut sich auf! Ist das etwa ein neues Fernsehformat für den Sender? Doktor Messi, Professor Voll-Horst? Den möglichen Blockbustern sind keine Grenzen gesetzt. Hochmotiviert reißt der Produzent sein Handy aus der Jacke um dem RTL Vorstand sein neues Konzept zu unterbreiten.

Leider versteht das Vorstands Team die hochgestochene Outline des neuen Formats nicht, und wimmelt den Producer mit den Worten ab: Du machst das schon, Hauptsache die nachmittäglichen, arbeitslosen Zuschauer schnallen das, und verlassen fluchtartig den zum umgebauten Konferenzsaal gemauerten Sicherheits-Bunker.

Jetzt liegt alles beim Produzenten. Fingerspitzengefühl und feinfühliger Umgangston entscheiden über Hopp oder Flop. Mit dem Ratgeber ´Plusquamperfekt im Präsens´ bewaffnet, betritt die Messi Psychologin erneut den Drehort und brüllt erst mal: Ab jetzt Krawattenzwang – und Roll!

Verwirrt sehen sich Skriptwriter und Kameraleute an. O.K., dann drehen wir eben auf gehobener Ebene, lächelt der Kameramann und wispert gleich neue Anweisungen zum Entrümpelungs Experten Dennis Karl.

Der, nur mit einem Hauptschulabschluss ausgestattete, ist mit der gewünschten Manuskriptänderung natürlich völlig überfordert, und greift spontan zu einer, in Akademiker Kreisen beliebten List: Möglichst viele Fremdwörter und komplexe Satzgefüge zu benutzen. Doch nach reiflicher Überlegung, und auch auf Grund seiner Nervosität, entschlüpft ihm nur der Satz: **Quadratisch...Praktisch...Gut!**.... was sich ja irgendwie Lateinisch anhört, aber im Endeffekt nur den Slogan von Ritter Sport Schokolade reflektiert. Schwitzend versteckt er sich hinter einem

Müllberg und schreit: *Werbepause!* Überlegen schiebt sich Klaas ins Bild. *Doch wohl nicht mit einem Ritter Sport Commercial, oder?*

Da die Antwort auf sich warten lässt, und der Werbeteil ebenso, übernimmt Klaas spontan in gewohnt. proktologisch fundierter Weise die Moderation. Mit einem Hechtsprung aus dem Nichts wirft sich Sabine Hankel-Hirtz vor Kamera 3 und übernimmt wieder die Sendung.

Ein Rundumschwenk von Kamera 2 offenbart das angehäufte Grauen im Haus der von Steins.

Wie konnte es dazu kommen?

Ich weiß!!, meldet sich der 5 jährige Jochen von Stein, mit einem IQ von 163 ausgerüstet, zu Wort.

Meine Eltern haben einfach keinen Sinn für adäquate Situationskomik und weisen verhaltensgestörte Logistikprobleme mit eingeschachtelter, transzendentaler Ordnungspolitik auf.

Eifrig blättert der Skriptwriter in seinem Ratgeber. Klaas übernimmt selbstgefällig die Analyse.

Jeden Tag berechnen wir quadratische Primzahlen, da bleibt einfach keine Zeit für´s Aufräumen! Außerdem habe ich auch einfach keinen Platz mehr für meine umfangreiche Eisenbahnschwellen Sammlung.

Da kein Mensch Kevin versteht, übernimmt Verhaltenspsychologe Bernhard ´Grips´ Hardwig. *Ich würde vorschlagen, wir schmeißen alles mit Klaas´s Genehmigung raus und machen hier mal so richtig klar Schiff!*

Container stehen schon draußen. Was meinen Sie Klaas, haben Sie die Kraft, sich von dem ganzen Müll hier zu trennen?

Ja, logisch. Auf so eine Gelegenheit warten wir doch schon seit 2 1/2 Jahren. Endlich wird hier mal aufgeräumt, und das ganz umsonst! Renoviert ihr anschließend auch?

Ja sicher, antwortet Bernhard. *Welche Farbe hätten sie denn gerne?*

Der 163 IQ Sepp meldet sich spontan: *Eine primär Farbe, die sekundär nicht die Mischung aus Orange und Grün enthält, dabei aber beruhigend wirken und abwaschbar sein sollte. Die Farbpigmente sollten mindestens eine Lichtechtheit von 7,5 auf der Wollskala haben, und im Mischungsverhältnis von 1:12 stehen.1:12 ist keine Primzahl,* wirft Vierlings Schwester Brittney ein. *Wie wär´s mit 3:27?*

Der Assistent winkt ab. *Wow.... da gehen wir doch lieber zu den Wotzkis. Die versteht man wenigstens.*

Der Regieassistent schlägt einen Schwenk rund um den Wohnbereich vor, muss aber feststellen, dass sich das gesamte Team bereits vorzeitig in die Betriebskantine verzogen hat. Ganz allein knobelt er mit Jochen um eine 6stellige Primzahl, und verabschiedet sich frühzeitig in den Ruhestand.

......UND TSCHÜSS!

Kinder- Abzählreime:

1,2,3... weißer Hai,
4,5,6... Gruppensex!

52

Heute bei Quarks & Co:
Was die Welt beschäftigt.....

Warum sind die Schlümpfe blau?
Das weiß keiner so genau.
Denn wär´n sie gelb
wie gelbe Bohnen,
dann würden sie in Springfield wohnen!

1,2,3,4,5,6,7 –
hätt´ ich´s doch mit dir getrieben,
oder doch nicht, das wurd´ klar,
als ich dich im Hellen sah!

Ist es etwa Langstreckenläufer Malte Mutzke aus Mecklenburg-Moorpommern?

….oder aber der Extremsportler Dick van Duck aus Dänemark?

Nein, nein..... es ist Tanztalent Theo von Theesen mit seiner spektakulären Beinarbeit im Musical ´Tee oder Kaffee´...oder so ähnlich!

Hier noch ein paar Gedichte:

Einsamkeit
Seit vielen, vielen Jahren schon,
bist du allein.
Es dürstet dich mit einer Frau
zusamm´ zu sein.
Einsam, allein – trinkst Wein aus Flaschen,
vielleicht solltest du dich auch mal waschen!

Bist du HIPP?
Baggy Pants und Surfer Kappe,
Niki Shoes und Augenklappe,
die wirken cool, die haben Biss!
Doch nicht, wenn man schon 60 iss!

Äußere Erscheinung
Der Mann, der einen Anzug trägt,
wirkt offensichtlich sehr gepflegt.
Blitzblank rasiert, die Zähne blinken!
Nur seine Achselhöhlen stinken.
Bedenke – gut gekleidet – netter Versuch!
Verrissen hat´s der Armgeruch!

Leitfaden für den Mann von heute
Fröhlich, frischer Kaugenuss
ist für den hippen Mann ein Muß!
Und bist du uncool, öde, fade - **schade!**

Anleitung zum Selbstmord
Gehst du gerne in die Heide?
Die Zähne putzt du dir mit Seide?
Schmückst du dich gern mit Goldgeschmeide?
Dann häng dich auf, hast ja die Seide!
Und bleibt die Seide nicht ganz heil......
-dann nimm ein Seil!

Zwieback
Am liebsten back ich Kuchen
und manchmal auch noch Zwie.
Den back ich jedoch zweimal,
sonst hieß er ja nur Einback!
(kapiert?)

Noch einsamer als vorher
Schwankend – allein,
sollte nicht sein.
Einsam – verlassen.
Kann man kaum fassen!
Kann man noch auf Mitleid hoffen?
Ich glaube nicht, bist ja besoffen!

Warum ich in der Disco nichts klarmachen konnte
Der Rhythmus hämmert,
ich trete ein
in den Nightclub -
noch allein.

Das Auge sieht sich suchend um.
Nach einem Unikum.
Da – auf dem Hocker sitzt ´ne Frau!
Ich betrachte sie genau.
Und sie betrachtet mich zurück -
`son Glück!

Ich schlendre lässig zu ihr hin,
sie lacht mich aus, gar keine Frage.
Weil ich vielleicht zu lässig bin
...und einen Strampelanzug trage!

Spritzt du dir tüchtig Botox auf,
brauchst du ´nen Pass beim Kippen Kauf!

Ideen für Live Auftritt:
Da jede Begrüßung ja schon vergeben ist (Hallo erstmal - Na Ihr Spacken! -
Schönen guten Abend) ist natürlich eine Typen Spezifische Begrüßung von
allergrößter Wichtigkeit! Mir fiel bis jetzt nur Tach ein.

Mein Tagebuch:
37. März: Hab schon wieder das Ende des Monats verpasst. Muß jetzt
    endlich mal einen neuen Kalender von Schlecker holen.
38. März: Schlecker war zu. Gehe nach Trinkgut – da wird noch in Promille
    gerechnet. Komme ganz durcheinander mit der Umrechnung von Altbier
    nach Malz....
47. April: Jetzt wird's aber Zeit für den Gregorianischen Kalender!
7. Juni: Endlich wieder im Fluss! So kann´s weitergehen!
32. Juni: Scheiße, schon wieder geschlafen! (vielleicht nicht so oft nach
    Trinkgut gehen).
3. Juli: Na also, geht doch!
4. Juli: Geht immer noch!
5. Juli: Jetzt hör aber auf, du Angeber!
6. Juli: O.K. Jetzt hab ich´s!
7. Juli: (siehe 8. - 31. Juli: keine besonderen Vorkommnisse).

Neue Sportdisziplin:
Seitensprung!

Etiketten
Was mich auch wundert: Die Hersteller können die weichsten Stoffe herstellen, den softigsten Weichspüler, die luftigste Bekleidung! Warum ist dann das Etikett so dermaßen hart, dass man das Gefühl hat, man hat ein Stück Schleifpapier im Hemd.

Haare
So, ich geh also in meine Stammkneipe. Und der Wirt sagt: Oh, ich hab dich fast gar nicht erkannt. Hast du dir die Haare wachsen lassen? Und ich sag: Nee, eigentlich nicht. Die wuchsen einfach von selbst. Ich habe extra drum gebeten, nicht zu wachsen, aber hört Haar auf mich?

24 Stunden Banking – da hab ich einfach keine Zeit für!

FRAGE AN DOMIAN:
Wenn du Sex haben willst, ist natürlich die beste Zeit dafür, wenn du dich gerade geduscht hast. Du bist frisch, sauber, riechst gut. Aber was ist, wenn du kurz vorher noch mal kacken musst? Meinst du, dass 4 3lagige Papierfetzen den frische Zustand wieder herstellen können? Oder sollte man da noch mal duschen?

Jetzt aber nur für den sprachgewandten:
Neighbor: Hee! You can´t cut the grass on a Sunday morning!!!
Me: Why not? Is it against the **lawn**??

Alzheimer
Das Beste bei Alzheimers ist: Du brauchst nur ein Buch und eine DVD. Jedes Mal bist du überrascht von der Story! *Und jetzt neu! Alzheimer Memory Spiel! (mit 2 Karten für Anfänger und 3 für Fortgeschrittene!*

Freundschaft
Von meiner Chinesischen Freundin musste ich mich leider trennen. Wir passten einfach nicht zusammen. Außerdem hieß sie auch noch

Matsch – Tu – Yang (was ja dann auch irgendwie ihr Alter verrät)

...und noch was zur Schwerkraft....

hätten wir das nicht, könnten wir uns Faceliftings und Brustimplantate sparen.....!
Alles STEHT!

Training

Bodybuilder trainieren alle Arten von Muskelgruppen - aber was ist mit dem
Schließmuskel? Hätten sie den im Griff, brauchten sie tagelang nicht aufs Klo! *Eh
Alter, schon 5 Tage nich mehr kacken gewesen (uarghhhh)! - Halt durch! Jetzt
noch 3 Sätze a 12 und du bist wieder voll im Rennen!*

Schimpfwörter

Wer ist eigentlich verantwortlich für die schwarze Liste von Schimpfwörtern? Wer
entscheidet: Das ist jetzt böse? FUCK! - So, das ist BÖSE! Aber ist ja nur ein
Wort. Und Englisch noch dazu. Was ist mit KNORPS? Oh ja, BÖSE - Sehr
BÖSE.....!
Oder der FINGER! Ich zeig dir den Finger! Huh.......Wie wär's mit Kniescheibe!
Ja.....nimm das! Böse....sofort auf die Liste....!

Liebesgedicht (hättet ihr mir gar nicht zugetraut, oder?

Jeden Tag, da seh ich dein Gesicht -
Nur schade, es änderte sich nicht!

2.Teil
Nur im Dunkeln, da seh ich nicht dein Gesicht!
Ich muss schon sagen, ich vermisse es auch nicht!

Nicht nur Scherz und Komik haben mich bei meinem Publikum beliebt gemacht, nein, auch mit unterhaltsamen, abenteuerlichen Dokumentationen kann ich meine Leser fesseln!

'RUND UM DIE WELT' heißt das hier vorliegende Motto.
Begleitet mich auf meiner abenteuerlichen Reise um den Globus und erlebt meine Erfahrungen hautnah mit!

Stonehenge:

Meine erste Etappe auf meiner abenteuerlichen Reise rund um die Welt, bringt mich nach England. Nach der Landung in London, geht's weiter mit dem Klapprad nach Amesbury, im Landkreis Wiltshire. Über Salisbury erreichen wir nach 6 Stunden radeln endlich den Südwesten Englands – STONEHENGE! So ein aufregender Haufen – Steine...! Faszinierend! Ich fühle mich in ein anderes Zeitalter zurückversetzt. Zum Beispiel in das, wo man als 8 jähriger noch Zigaretten und Schnaps kaufen konnte – aber Spaß beiseite!
Die Magie, die von den Felsbrocken ausgeht, ist kaum zu beschreiben, deshalb versuche ich es auch gar nicht.
Tonnenschweres Felsgestein, auf unerklärliche Weise aufgetürmt, verblüfft noch heute jeden Wissenschaftler. **Mich nicht!** Ich weiß Bescheid! Augenscheinlich ein Trick der Vereinigung englischer Steinmetze, mag Stonehenge vielleicht Menschen in aller Welt verwundern, ich vermute jedoch, dass diese Felsen ca. 2000 v. Chr. mittels eines Gabelstaplers oder elektronischen Kransystems geschickt von den Steinmetzen arrangiert wurden, um die Nachwelt zu verunsichern.

Wie dem auch sei. Sieht trotzdem gut aus!
Nach einem ´**All you can eat´ Porridge and Plum Pudding**, in einem nahegelegenen Wirtshaus, geht's weiter zur 2. Etappe:

Die Osterinseln:

Nach ca, 35 Stunden Flug (der Kapitän hatte *Osterhase* verstanden und verzettelte sich mit seinem Navi und der Bord Stewardess in ein Streitgespräch, und umrundete die Erdkugel in östlicher Richtung), erreichen wir endlich den Südost Pazifik und landen auf den Osterinseln. Politisch zu Chile, geografisch jedoch Polynesien zugeordnet, ist die Landessprache Spanisch und ein unverständliches Kauderwelsch, was sich Rapanui nennt.
Endlich werde ich erfahren, ob meine Schwiegermutter die Vorlage für die außergewöhnlichen Steingesichter war!
Angekommen, bin ich jedoch etwas enttäuscht. Die haben ja gar keine Ohren, beschwere ich mich beim einheimischen Fremdenführer. Er hört mich nicht, weil

er auch keine hat und leiert monoton seine auswendig gelernte Zusammenfassung über die Entstehungsgeschichte der Pilsköpfe herunter (allerdings in seiner Landessprache – Rapanui), was mich ungefähr so begeistert wie Wilhelm Tell auf Mandarin.

Ich wende mich gelangweilt ab, und versuche mittels eines mitgebrachten Hammers ein Steinstück-Souvenir von einem der Osterköpfe abzuklopfen. Der Fremdenführer erwischt mich und ich erhalte Osterinsel Hausverbot auf Lebenszeit!

Ich schreie ihm alle möglichen Schimpfwörter entgegen (wie ich weiß, hört er mich ja sowieso nicht, aber dabei fühle ich mich stark)!....und verlasse 45 Min. später die Osterinseln Richtung meiner dritten Etappe..........

Jamaika:

Jaa, Mon – Raggae, Sunshine, billiges Dope....und vor allem skrupellose Einheimische, die mich schon am Flughafen Ausgang abfangen und wahnsinnig günstige Wechselkurse in Jamaican Dollars und Taxifahrten anbieten. Da erblasst man sogar in karibischer Sonne! Nachdem ich die ersten 35 Schwarzgeldwechsler und Investitionsagenten für risikofreien Marihuana Schmuggel zu den Cayman Islands ignoriert habe, geht's mit mit einem zugekifften, aber freundlichen Rasta Taxifahrer erst mal zum Hotel nach Negril.

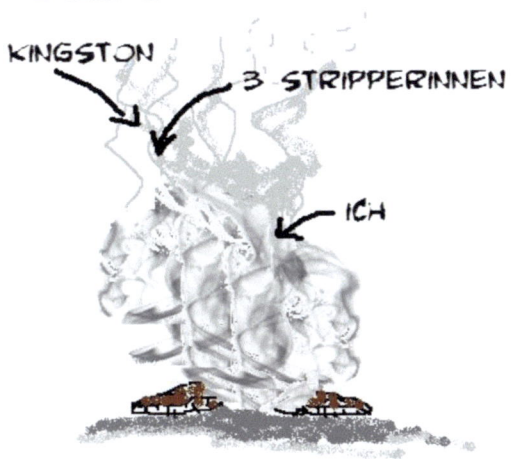

Nach der ca. 1 stündigen Fahrt, bei der ich zahlreiche Insider Tipps und Drogen Infos erhalte, erreichen wir Negril, eine im westlichen Parish Westmoreland gelegene Touristenmetropole, die angeberisch mit ihrem ´7 MILE BEACH´ wirbt, jedoch ihre ca. 100 000 obdachlosen, gangarauchenden, cracksüchten Jamaikaner verschweigt, die es sich zur Lebensaufgabe gemacht haben, alle 25 Sekunden vorbeilaufende Touristen um Kleingeld oder Freibier anzubetteln.
Ja manchmal kann es schon ein Fluch sein, wenn man ein Weißer ist!!
Egal, ich richte mich im Hotelzimmer erst mal häuslich ein. Ein darauffolgender Strandspaziergang verschafft mir überteuertes Dope, gestrecktes Koks und 6 Verabredungen mit jugendlichen Jamaikanerinnen für den heutigen Abend.
Da ich nach dem ersten Joint im Hotelzimmer total zugedröhnt einschlafe, verpasse ich Verabredung, Essen und auch die nächsten 16 Stunden und mach mich am nächsten Morgen auf zur 4. Etappe meiner Weltumkreisung...

Die Chinesische Mauer:

Mein Plan, die Chinesische Mauer in seiner Gesamtlänge abzulaufen, scheitert, da sich ebenjene ohne mein Wissen ca. 8851,8 km, inklusive der 2233 km Naturbarrieren, erstreckt. Nun gut, da man aber einem Mythos nach die Mauer vom Weltraum aus erkennen soll (was aber nicht stimmt; nur wenn die Sonne einen langen Schatten an der Mauer wirft, ist eine Erkennung möglich!) Ich mache ich ein paar Fotos, kaufe einem grinsenden Chinesen eine Schüssel Reis mit Hühnchen (Chow Mein – Nr. 19 auf der Karte) ab und mache mich auf die Socken zu meiner 5. Etappe.....

Die Pyramiden von Gizeh:

Nach meiner Landung in Kairo versorge ich mich wegen des trockenen Klimas und der nahegelegenen Sandwüste erst mal mit drei 6 Packs einheimischen Sakkara Biers und begebe mich am Nachmittag mit einem zweifelhaften Beduinen und seinem Kamel ´Ringo´ in die nur 15 km entfernte Wüste, um die sagenhafte Cheops Pyramide, eine der drei großen Pyramiden von Gizeh, zu bestaunen.

Mit einem Neigungswinkel von 51° und aus ca. 3 Millionen Steinblöcken erbaut, gerate ich kurz in Versuchung nachzuzählen, gebe aber bei 37 auf und zähle stattdessen die getrunkenen Biere. Als ich bei Nr. 12 bin, bestaunt der Beduine erst mal mich und dann mein großzügiges Trinkgeld, was ich im benebeltem Zustand dummerweise immer ohne zu überlegen verteile.

Die Hitze vervielfacht natürlich die Wirkung des einheimischen Bieres und plötzlich stehe ich ohne Aussicht auf Schatten mitten in der Wüste vor der Cheops Pyramide. So weit, so gut, aber ich kann nicht mehr, und rolle mich erst mal in Ringos Schatten und halte eine für den Orient nicht unübliche Siesta.
Am späten Nachmittag wache ich wieder auf, Seite an Seite mit meinem Kameltreiber und wundere mich über seine Ehrlichkeit für´s Warten.
In seiner Landessprache und wild gestikulierend erklärt er mir anscheinend die Entstehungsgeschichte der Wüste nebst dem Erbau der Pyramiden. Ich mache ein paar Fotos aus dem Handgelenk (leider ohne Scharfstellen!) und nachdem wir den Rest des Biers noch weg gezischt haben, verlassen wir singend das Tal der Könige. Das Kamel Ringo lacht mit und lässt sich zur Abwechslung mal von uns tragen.
Ich lege noch zwei Extratage Kairo ein, besichtige das einzige, noch lebende Nilkrokodil und erreiche mühelos den Flieger nach Italien. Was dann auch die 6. Etappe meiner Weltreise ist....

Der schiefe Turm von Pisa

Mein Direktflug nach Rom endet fast mit einem Desaster: Mein bekiffter Taxifahrer aus Jamaika hat mir aus lauter Freundlichkeit etwa 20 Gramm feinstes Haschisch in meine Reisetasche ge-steckt – als Überraschung! Da war die Freude natürlich groß, als der Italienische Zollbeamte auf das illegale Mitbringsel stieß.
Der hochgradig bestechliche Zollbeamte macht mir folgenden Vorschlag: Entweder ich über-lasse ihm unauffällig die illegale Schmuggelware und verlasse straffrei den Zoll, oder aber er konfisziert das Dope und ich kann ungehindert den Flughafen verlassen.
Nach reiflicher Überlegung entscheide ich mich für die 2. Variante und betrete sichtlich erleichtert italienischen Boden.

Von Rom nehme ich dann besser den Zug Richtung Pisa Centrale, bevor noch mehr Überraschungshappen
auftauchen, und dann bin ich auch schon in der Toskana. Pisa, Pizza und ein Leitfaden über den Turm (den Schiefen) erwarten mich am Bahnhof Centrale von Pisa: 1173 angefangen, wurden die Bauarbeiten nach einer Schräglage erst mal für ein paar Jahrzehnte eingestellt und dann 1372 fertiggestellt.
Der Neigungswinkel differenziert zwischen 3,97° und 4,43°. Mir egal. Hauptsache der Klotz fällt nicht um.
Nach umgerechneten 36 Pizzen, 18 verschiedenen Pasta Variationen und einem eindeutigen Angebot als Auftragskiller für die Cosa Nostra zu arbeiten, verabschiede ich mich aus Italien und jette mit Air Berlin nonstop nach New York, meiner 7. Station.....

New York, New York!

Nachdem mich der verantwortliche Flughafen Zollbeamte in New York ausgiebig ausgefragt hat (woher kommen Sie, haben Sie Drogen, sind Sie ein Terrorist, was wollen Sie hier und warum will ein Deutscher Scheisseimer wie Sie überhaupt hier in mein Land einreisen?) und ich fehlerfrei antworten kann, gewährt er mir endlich Zutritt in die geheiligten Staaten von Amerika. (GSvA)
Vom JFK Airport nehm ich aus Kostengründen den Linienbus nach Manhattan und gerate unfreiwillig in eine Massenansammlung arbeitsloser Rapper, auf dem Weg nach Harlem. Die Fahrt ist trotz alledem didaktisch sehr interessant, da ich in 60 Minuten das gesamte Spektrum amerikanischer Umgangssprache von ´Fuck you´ bis´ Yo mama is a whore´, kennenlernen darf.
Nachdem ich auf der 90ten Straße in das Hotel CONCORDIA eingecheckt habe, zieht es mich unweigerlich zum Battery Park im Süden Manhattans, von wo aus ich ein Touristen Boot zur Besichtigung der Freiheitsstatue von N.Y besteige.

Nachbarschaftsromantik in Harlem (129 Street, Upper East Side)

Nach zahlreichen Hip Hop Attacken und einer Unmenge Chinesischer Glückskekse, besteige ich den Flieger nach Europa und lande nach 7 Stunden bei meiner 8. und letzten Etappe in Paris....

Paris:

Parlez vous Pommes Frites? Ein kleiner Insider Joke von Otto Waalkes macht mir die Einreise nach Paris auch nicht leichter.
Der zuständige Zoll Gendarm hat offensichtlich nicht den Humor von Louis de Funés, und nimmt erst mal mein gesamtes Gepäck auseinander. Der festen Überzeugung, die ganze Welt spricht Französisch, labert er mich etwa 30 Minuten in seiner Muttersprache total zu und gestattet mir dann die Einreise in die Französische Republik. Bon soir, verabschiede ich mich standesgemäß, und halte Ausschau nach einem Taxifahrer, der mich ´toutes suites´ in die französische Metropole fahren soll. Nach nur eineinhalb Stunden erbarmt sich ein Taxifahrer und fährt mich in zu meinem Hotel in der Pariser Innenstadt.
Mit einem mitleidigen Lächeln offeriere ich ihm 50 Cent Trinkgeld, die er ignorant ignoriert, und deshalb keine Anstalten macht, mein Gepäck auszuladen. Das schaff ich auch alleine, und stehe 5 Minuten später vorm Tresen der Hotellobby. Nachdem ich 20 Minuten total übersehen werde, springe ich schließlich über die Absperrung, checke den Computer und weise mich selbst in mein Zimmer ein. Ungläubig verfolgt ein Page die ungewohnte Aktion. Trinkgeld kannst du natürlich jetzt auch knicken!, ruf ich ihm mit französischem Akzent zu und verschwinde im nächsten Aufzug.

Mein Zimmer ist komfortabel und hat einen wunderbaren Blick auf den Eiffel Turm. Wenn nur nicht die zahlreichen Wohnhäuser diesen Blick verdecken würden!

Ich kaufe mir erst mal eine Baskenmütze und klemme mir ein Baguette unter den Arm, um wie ein Franzose auszusehen und wandere ein wenig in Paris herum.
Champs-Elysees, Triumph Bogen und dann der Eifel Turm.
Ich hoffe als Franzose verkleidet auf Discount beim Eintritt, werde aber sofort durchschaut, weil mir die zwischen die Lippen geklemmte Gauloise (natürlich ohne Filter). fehlt.
Mist, dann eben voller Eintritt.
Der Ausblick ist fantastisch, und ich kann sogar mein Hotel erkennen. Wenn nur nicht die zahlreichen Wohnhäuser diesen Blick verdecken würden!

Paris – wie es singt und lacht!.....und mittendrin der Eifel Turm. (um 1920)...... und da stand der Eifel Turm sogar noch in der Eiffel!

Champs-Elysee mit Triumph Bogen

Bei strahlenstem Sonnenschein fliege ich zwei Tage später wieder nach Hause und schreibe diesen Bericht.

Lieber Leser!
Du hast es bis hierhin geschafft,
mein Buch zu lesen.
Na, wie war's?
Wenn's war, dann trau Dich, und lese
den 2ten Teil dieses überaus
witzigen, informativen Literaturbeitrages
und sei bitte nicht enttäuscht,
wenn es auf diesem niedrigen Niveau
weitergeht!

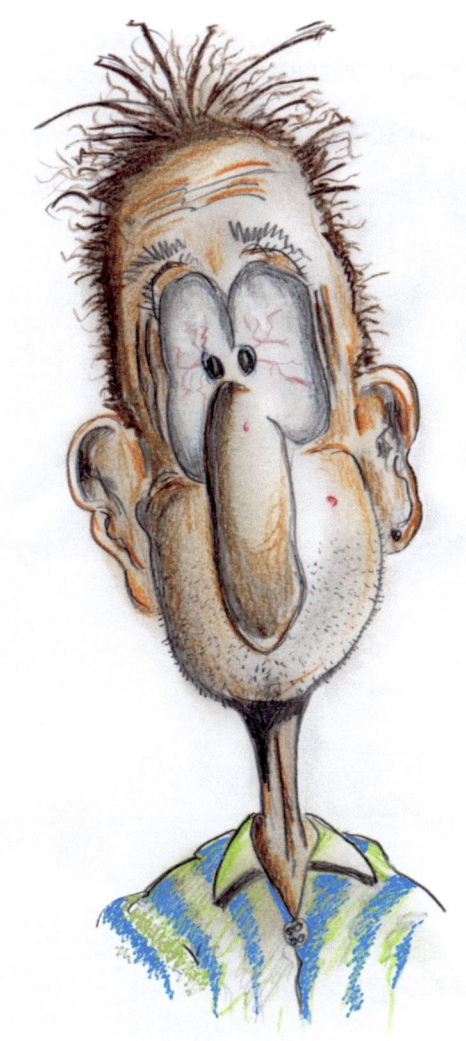

HELLWACH, ABER ERST AM NACHMITTACH !

Neben meiner unübertroffenen Witzigkeit und meinem literarischen Genie, bin ich auch begeisterter Fan aller möglichen Kampfsportarten. Neben Karate, Teak One Too oder Judo, Jiu - Jitzu oder Barracuda, habe ich mit den Jahren auch meine eigene Kampfsportart entwickelt: SHITZU - FREN. Dabei geht es um Beweglichkeit und die Koordination zwischen Körper und Geist, aber hauptsächlich darum, in Krisensituationen dem Gegner voll eins auf die Zwölf zu semmeln.

Von der Grundstellung SHOKO-SAN, bis zur vorgetäuschten Ohnmacht WIZO-DEN, habe ich sämtliche Bewegungsabläufe in Zusammenarbeit mit meinem asiatischen Sportkollegen Chop Suey selbst ausgearbeitet und bringe euch hier einmal eine Liste mit den Verteidigungs - und Angriffs Stellungen sowie der allgemeiner Umgangssprache:

Grundstellung	Shoko – San
Tritt in die Weichteile	Shoko – Nhus
Bedrohliche Angriffsfinte	Wah – Nhung
Tödlicher Kopfstoß	Dan – Makt – Gong
Eisenharter Fußstoß	Bee – Tong
Lehrreiche Abfolge versch. Angriffstechniken	Shao – Tzu
Hinweis auf offenen Hosenstall (Finte)	Wan – Ghe – Tzu
Erfolgreiche Abwehr, Angriff und Sieg	Hing – Peng – Phao
Rundumschlag aus der Hüfte	Bin – Gho
Schlag, der zur Bewußtlosigkeit führt	Sing – Ah – Song
Verblüffung über Faustschlag	Wi – Dhat – Ghet
Wegschleudern des Gegners	Hing – Du – Dah
Angriffsstellung (Kranich)	Chi – Ken – Wing
Verlorener Kampf	Ging – Nah – Haos
Vorgetäuschte Ohnmacht	Wizo – Den
Hieb auf den Mund	Blen – Dha – Med
Attraktive Gegnerin	Waoh – Du – Ding
Bei Einladung zum Sex	Yah – Du – Ding
Männlicher Kämpfer	Peni – San
Weiblicher Kämpfer	Muh – Shi
Übungsraum	Who – Nung
Beheizter Übungsraum	Who – Nung – Hhat – Hei – Tzung
Angriff zum Kopf	Chow – Mein
Angriff zur Brust	Chow – Dain
Übergabe eines Geschenkes	Chow – Rein
Angriff beim Angriff	Chow – Chow
Verdeckter Schlag	Ihso – Phren
Splitterbruch im Bein	Tzau – Bhein
Kurzer Besuch	Tzau – Rhein

Seitlicher Fußstoss
Gerader Fußstoß
Vollidiot

Yo – Go – San
Haka – Sin
Shitzu – Mat

CHINESISCH ist eigentlich gar nicht so schwer, man muss nur ein wenig Fantasie aufbringen, dann wird das Verstehen und Sprechen zum Kinderspiel!

Ching – Chang – Chong	Schnick, Schnack, Schnuck
Long – Dong – Duh	Boh, iss dein Penis groß!
Hat – Tzi	Gesundheit
Kao – Tschuk	Vollgummi
Zang – Hing – Dah	Ach, da ist ja die Zange!
Wah – Tzu – Jung	Minderjährig

Hing – Dah – Gong

Chinesische Glückskeks Voraussage für verschwundene

Wing – Wang – Wung

Türklingel, die eine Melodie spielte, bei der der Autofahrer

Um - Leih – Tung

eine Straßensperre umfahren musste.

Und noch mehr Umgangssprache:

Long – Dong – Duh!	Hast du aber einen Großen P.....!
Swing – Di – Ding	Schwing das Teil
Ha – Tuh – Ring?	Willst du mich heiraten?
Ring – Mi – Gong	Schell mal an bei mir
Play – Ping – Pong	Lass uns mal Tischtennis spielen
Geh – Duh – Dah	Geh jetzt bitte nach Hause
Wi – Wah – Tzoo	Wir waren im Zirkus
Heng – Dah – Ding	Den Mantel kannst du da aufhängen
Wah – Duh - Dah	Warst du da?
Ping – Yao – Pong	Aufschlag beim Tischtennis
Gnop – Oay – Gnip	Rückgabe beim Tischtennis
Gong – Iss – Dah	Die Klingel ist da vorne (links)
Wi – Lang?	Wie oft?
Ball – Kong	Terrasse
Ging – Dah – Gong?	Ich glaube, es hat geschellt!
Tri – Wah – Go	Hotels übers Internet buchen
Hing – Dah – Rum	Entspannen
Kling – E – Ling	Da kommt ein Fahrrad

EIN JAPANER HAT, WIE WAHR
MAL GESAGT: HIROSHIMA!
GESUNDHEIT! WAR DIE ANTWORT MEINER.
WAS ER ERWIDERTE, WEISS KEINER!

JETZT, HIER UND SOFORT!

CHINESISCHE WOCHE!

....und weiter geht's!

Dum – Whi – Tang	Doof wie Brot
Buh – Bel – Gum	Kaugummi
Wait – Tzsprung	Weit springen
Tzu – La – Sung	Erlaubnis
Wah – Tung	Sich kümmern
Hay – Lung	Krankenschein
Tzi – Ma – Dah	Zieh ma da
Zwing – Dehn – Dah	Du musst die Person da überzeugen
Ding – Dong – Dah	Da hat der Frosch die Locken
Dhu – Ding – Dong	Jetzt hast du die Locken
Tham – Pong	Monatsbinde
Kao – Gum – My	(siehe Buh – Bel – Gum)
Wi – Wah	Absolut richtig!
Wah – Rum	Wieso nicht
Djek – I – Chang	Schauspieler
Wynk – Mah	Kuck mal, die kucken!
Geh – Mah – Ny	Ich zahl keine Fernsehgebühren!
Nhe – O – Phren	Wasserdicht
Zwing – Dhen – Ring	Der Ring passt nicht
Wring – Mein - Ding	…..du weißt schon!

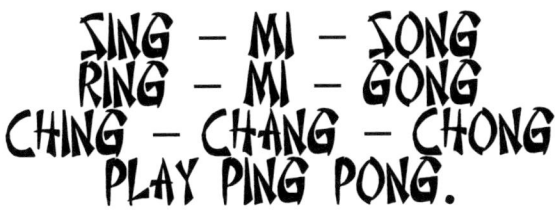

SING – MI – SONG
RING – MI – GONG
CHING – CHANG – CHONG
PLAY PING PONG.

GEH – DUH – DAH
GEH – ICH –HIER
ACH – WI – WAH
NEHM NUMMER VIER!

(Auf der Bestellliste des China Imbiss WONG TON, Hochstraße 21, Berlin Wedding)

Wasser
So, das war's jetzt erstmal mit Fremdsprachen. Wie wir alle wissen, geht alles irgendwann mal kaputt.
Der Eierkocher, der Fernseher, die Glühbirne, die wir ständig ein und ausschalten. Aber was ist mit Wasser?
Wenn man es gefriert und wieder auftaut. Und dann wieder gefriert. Und wieder auftaut. Geht das irgendwann mal kaputt?
Und was ist mit dem Wasser selbst? Brauchen wir ständig neue Mineralwasser Produkte? Was ist daran neu? Klarer, durchsichtiger, wässriger? *Hier das neue Gerolsteiner! Besser, geschmackloser...und Sie können glatt durchsehen!*

Frage an Dr. Össel:

Jochen Schmitt aus Passau will wissen:
Hallo Dr. Össel! Ich habe eine Frage, die mir schon seit
Jahren Kopfzerbrechen bereitet: Haben Fische
eigentlich eine Nase?
Dr. Össel antwortet:
Lieber Jochen, die Frage hättest du dir eigentlich selber
beantworten können, denn da man unter Wasser ja sowieso nichts
riechen kann, haben Fische natürlich auch keine Nase,
wie man auf dem Bild (Pazifischer Zinkenfisch) ganz
klar erkennen kann.

Und jetzt etwas zum Raten...(kleiner Tipp, sind alles Süßigkeiten)

Wie nennt man eine gutaussehende 15 jährige? Kinder Schnitte!
Wie nennt man einen kindersicheren Dosen Verschluss? Kinder Riegel!
Wie nennt man eine unerwartete Schwangerschaft? Überraschungs- Ei!
Wie nennt man ein geplatztes Kondom? Lach Gummi!
Und bei ungewollter Schwangerschaft? Wein Gummi!
Wie nennt man ein 14 jähriges, schwangeres Mädchen? Kinder Überraschung!
Und eine Schwangerschaft trotz Pille? Genauso!
Und wie nennt man es, wenn der 5 jährige Sohnemann mitten beim Sex ins
Schlafzimmer kommt? Auch!
Was fragt ein 4 jähriges Mädchen mit Zahnspange und Sprachfehler ihre Mutter,
wenn sie mit ihr an einer Baustelle vorbeikommt, wo gerade ein Haus gebaut
wird?
BOUNTY da? Und die Mutter sagt: Ja Schatz, die Männer bauen da ein Haus!
Und der Chinesische Bauarbeiter ruft der Mutter zu: **HA NUH TAH**? Ja, sagt die
Mutter, gleich halb drei!

AUSGEBREMSTER SHOKO - NHUSS (VORWÄRTS
TRITT MIT ANSCHL. ROLLE RÜCKWÄRTS)

79

HÄNGT DAS GUMMI
UNTERM SCHUH,
DANN MACH BEIM
KAUEN DIE SCHNAUZE
ZU!

So lebt man auf Hartz IV

Aufgewacht schon kurz nach acht.
Gesoffen bis nach Mitternacht.
Geschlafen hat er dann bis zehn.
Grad richtig, um nach Haus zu gehen!

Warum man den ´Torrutscher´
nicht auf Ascheplatz machen sollte......

Kürzlich erst im Brasilianischen Regenwald entdeckt:

Der Tittenfrosch (Froggi Mopsikus)

Wir alle kennen so bekannte Sätze wie: Fischers Fritze fischt frische Fische, oder Zwischen zwei Zwetschgenzweigen zwitschern zwei Schwalben. Und noch einer Der Whisky Mixer mischt frischen Whisky....
und, aufgepasst! Das besondere daran ist, dass alle Wörter mit dem selben Buchstaben anfangen. Ja, Sherlock, die Idee wollen wir jetzt mal weiterführen und zwar mit folgenden Beispielen:

**Kritisch kritisiert Kino-Kritiker Kuno Klein
charismatisch-kurzweilige Kino Klassiker.**

Frodo fängt vorsorglich Frösche für Festaktivitäten.
**Milchbauer Michel melkt merkwürdigerweise
manchmal massenhaft Milchkühe.**
Bettler braten Bratwurst besser als

Badische Brezel Bäcker!

Faseln Förster vielleicht furchtbar fade?

Auszug aus einer Frauen Zeitschrift:
Frage: Fällt Fischfang Frotzelei Freitags vielleicht flach?
Forum: Voll Pfosten! Frage fälschlicherweise falschrum formuliert!
Frage: Frotzelnder Freitag vielleicht Fischfang Fest?
Forum: Fabulös formuliert! Fünfzig Franken für phantastische Fragment Formulierung.

Frage: Fällt Flusenformation für Feiertag?

Forum: Vielleicht. Februar verspricht fälschlicherweise Fun.

Und jetzt mal alles mit P!
Prostituierte Petra P. patrouilliert permanent Paderporner Parkgarage. (per pedes)
Porno Produzent Peter P. pemerkt Petra.
Peter: Party?
Petra: Passt!
Peter: Prost!
Petra: Prima! 100,- €!
Peter: (Prustend) Pist du das wert?

Rückwärts Rapper Rick Richter rappt Radio Rap rückwärts.

Beiläufig bemerkt Bruno:
Basel bleibt Bayrisch – basta!

Dogmatische Drogenverkäufer dealen definitiv Dienstags.
Freitagsverkäufe für verschreibungspflichtige Frischmacher
verlaufen vornehmlich festlich für Flandern.

Katrin Kremer katalogisiert Koma Kunden kritisch in Krankenhaus Karteikarten.
Dennoch durchsucht Detektiv Detlev `D` Doest dauerhaft dümmlich defekte Dateien.

Samenspender Sepp Singer soll Samstag sieben Selbstmörder singend
sabotieren.
Sieben Selbstmörder sollen Samstag selbst komponierte Solos singen, sonst
sabotiert Sepp
(siehe Seite sieben!) Samenspender Salon.

<u>Für jeden Monat einen Spruch!</u>

Januar	Jetzt jodelt jedermann
Februar	Viel Furzen fällt vielerorts flach
März	Manchmal muss man Milch mit Mettwurst mischen
April	Aber auch Äpfel agieren albern
Mai	Malzbier macht müde (manchmal)
Juni	Jetzt jodeln Yetis jederzeit
Juli	Jederzeit jodeln Yetis
August	Alle Arbeitslosen applaudieren ausgeflogenen Astronauten
September	(siehe Samstag)
Oktober	Offensives onanieren offeriert Opportunismus
November	Nenne neun nachgemachte Nektarinen namentlich
Dezember	Dunkel, depressiv – dennoch dogmatisch. Danke!

Zwiebelexpertin Zelda Z. zerstört Zwiebelringe zwischen zwei Zwetschgen Zweigen.

BÜHNENSTÜCK IN 2 AKTEN FÜR 1 PERSON
Mitwirkende: Helmut Horstner
Hilde (Nachname unbekannt – nicht sichtbar)
Heike (ebenfalls nicht sichtbar)

1. AKT

Helmut Horstner hört Hilferufe:
Hilfe! Hilfe!.....Helft Hilde!
Helmut Horstner: Hoffentlich hat Hilde Hilfe. (hastet heimlich heimwärts)

2. AKT

Helmut Horstner hat Herzattacke.
Hilfe! Hilfe!.....Helft Helmut!
Hilde hört Helmut.
Hilde: Ha, ha....viel Glück Helmut! (hustet humorvoll)

ZUGABETEIL (nicht ZUG ABTEIL!)

Harry Huber hört Hilde.
Harry Huber hört Helmut.
Harry Huber hört Heike.
Heike: (hüllenlos) **Harry! Harry! Helft Heike! Heike hat Hitze!**
Harry: (hypnotisiert) **Harry hilft Heike! Halt! Harry hilft!**
(Hektisch hüpft Harry auf Heike)

VORHANG

UND ZUM ABSCHLUSS ETWAS FÜR UNSERE KLEINEN:

Robby riecht Rum.
Rum riecht Robby.
Riecht Robby Rum?

Dreh doch mal das Buch herum, denn dann riecht Robby richtig Rum!

Halt! Jetzt ist mir doch noch einer eingefallen!
Flachpfeife Fiona Fuller pfeift forsch funky Filmmusik falschrum.
Film Verfasser Friedhelm von Frisch folgt Fiona.

Fiona: Fiese Verfolgung?
Friedhelm: Vielleicht!
Fiona: Fuck!
Friedhelm: Fieso?
Fiona: Verfolgung freakt Fiona!
Friedhelm: Verzeihung!
Fiona: (furzt) Vergeben!
Friedhelm: Phantastisch! Ficken?
Fiona: Fünfzig Franken!
Friedhelm: Gebongt! Kannze 100,- € wechseln?

Auf der Autobahn

Letztens fahr ich auf der Autobahn, da seh ich ein Laster: HÖLSCHER –
GETRÄNKE ERLEBNISWELT! Ohne Scheiß! Erlebniswelt!! Beim Getränkekauf!
Was haben die denn da? In der Getränke Erlebniswelt? Fährt man da in einer
Achterbahn mit dem Bierkasten zur Kasse?? Oder überraschen einen da Clowns
in der Limo Sektion? Oder vielleicht geht man da durch einen Irrgarten zum
Malzbier? Und wenn nicht – was tun die einem da in die Flaschen? Vielleicht
springen da ja auch ein Dutzend Bikini Mädchen aufs Parkett, wenn ich 'ne
Flasche Sprite aufmache!! Na ja, auf alle Fälle check ich die ´Erlebniswelt` mal
aus – und wehe, ich hab da kein Erlebnis!

Wohnungssuche

Wenn man eine neue Wohnung sucht, sollte man sich nicht zuerst die Wohnung,
sondern die neuen Nachbarn ansehen. Was nützt einem die schönste Wohnung,
wenn man Vollpfosten als Nachbarn hat?
Wir hatten mal einen, der war arbeitsuchend und verbrachte jeden Tag ca. 2
Minuten damit. Den Rest des Tages widmete er gewissenhaften
Umweltkontrollen, wie Lärmbelästigung und Nachbarbespitzelung.
Als wir am dritten Abend die Musik mal etwas lauter stellten, klopfte er sofort mit
einem Besen unter die Zimmerdecke.
Ich ging sofort runter zu ihm, und fragte, was der Lärm mit dem Klopfen sollte.
'Die Musik ist zu laut!'
'Und durch das Klopfen wird die jetzt leiser?' Da wusste er auch nichts drauf zu
erwidern. Der Mann ist sowieso ein Vollhorst. Jedes mal wenn der '**Wischfest**
oder **Kratzfest**' hört, denkt er, es läuft eine Party.

...und schon wieder Eckball für Schalke!

Schwamm

Letztens habe ich im Fernsehen eine Sendung über die Unterwasserwelt gesehen. Da wurde berichtet, dass man jetzt das älteste Tier der Welt gefunden hat: einen Schwamm. Der war ca. 10 000 Jahre alt. Ganz schön alt – vor allem, ganz schön langweilig! Da liegt man da 10 000 Jahre auf dem Meeresboden rum. 'Was machen wir denn heute?' - 'Keine Ahnung – rumliegen?' 'Hört sich gut an! - Party time!!!'

Wegwerf Geschirr

Um nicht Geschirrspülen zu müssen, hat ein schlauer Kopf Plastik-Besteck und Pappteller erfunden. Ich gehe noch einen Schritt weiter: Papptöpfe! Funktionieren allerdings nur auf lauwarmer Herdplatte. VORSICHT! BRANDGEFAHR!

Fernsehkoch

Ich habe einmal bei einer Fernseh- Kochshow versucht, simultan mitzukochen. Fing alles ganz harmlos an:
Halbes Pfund Kartoffeln, schälen und kochen, 2 Eier, Salz, Pfeffer, Essig, halbes Pfund Hackfleisch. Hat ich alles da. Zum Schluss kamen noch die wichtigsten Zutaten: 3 pürierte Okras und und ein viertel Pfund sibirischer Elchkäse – mariniert natürlich! Das war's dann wohl mit Mitkochen! Nie wieder!

Metzger

Kommt ein Mann zum Metzger. 'Ich hätte gerne ein Pfund Leberwurst, aber von der groben, dicken!'
'Tut mir leid, die ist heute nicht da! Sie hat Berufsschule!'

96 MIN.: ÜBERRASCHEND WIRD MITTELSTÜRMER MARCUS MELZER MIT EINER VORGETÄUSCHTEN VERKRAMPFUNG VOM PLATZ GETRAGEN.

Und jetzt ein paar Live Bilder von der Tour de France....

Jules Piccard auf der Überholspur

Erwin Matthes bergauf...

.....und Jan Ulrich bergab...

NEUES AUS DER SCHREINEREI!

Wie alle vielleicht wissen, ähh...also, manche wissen´s vielleicht, ich bin aus der Gruppierung der Holz bearbeitenden Sachverständigen kaum wegzudenken....
Daher hier einige meiner beliebtesten **Schreiner Witze:**

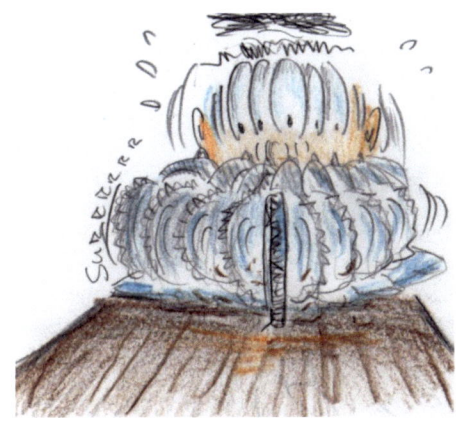

Zielgenaues Einschneiden einer Spanplatte. (Ruhige Hand erforderlich!)

Schreinermeister Manny

Fein- Flexen mit Schmiss

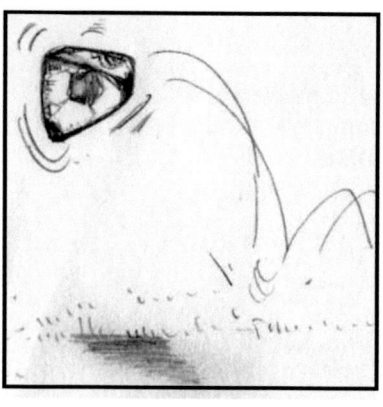

Fußball in Ägypten

Eckball

Neulich auf Schalke..............

CLEMENS Z. SUCHT AUF DIESEM WEG EINE PARTNERIN FÜRS LEBEN:

Persönliche Daten: Name: Clemens `Clem` Zubrink 57. Platz beim George Clooney Ähnlichkeitswettbewerb 2002

Lieblingsessen: Schellfisch mit Erbsen und Möhren

Größter Wunsch: Längere Wimpern oder Wadenimplantate.

Vorlieben: Großbusige, aufgetakelte, blonde Stripperinnen. Käse-Sahne Torte. Fausthandschuhe.

Hobbys: Theoretische Quantenphysik, Häkeln und Betriebswirtschaft.

Vorbilder: Galileo Galilei, Mr. Bean, Kasperle und Einstein.

Peinlichster Moment: Als ich mich mit meiner Kaulquappe `Joey` verloben wollte und meine Schwester Chrissy alles auf Handy aufgenommen hatte.

Größter Erfolg: Als ich mit meinem imaginären Freund Loomis, derzeit repräsentiert durch einen 1,5 Kilo schweren Backstein, der Puppenstube meiner Schwester Chrissy einen Überraschungsbesuch abstattete und mein Freund Loomis dort einschlagenden Erfolg hatte.

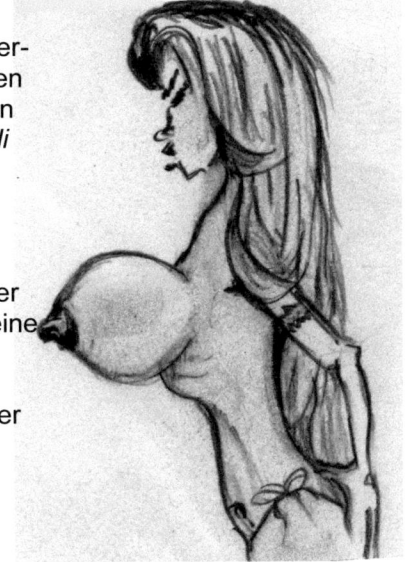

Wildester Traum: Ich laufe durch die Lüneburger-Heide, und sehe eine nackte Frau mit übergroßen Brüsten. Ich nehme allen meinen Mut zusammen und spreche sie an: *Na! Ganz schön...äh ...Heidi hier, oder?*

Sie antwortet: *Ahh... du Perverser! Nimm mich sofort! Ich brauche es!!*

Da ich nehmen und geben nicht differenzieren kann und die Nackte außerdem meine Schwester Chrissy ist, verwandele ich mich blitzschnell in eine Erdnuss und verschwinde im Rüssel eines Elefanten.

Schwitzend wach ich wenig später im Bett meiner Schwester Chrissy auf, die Erdnuss noch in der Nase.........

Zusammenfassung:
Eigentlich möchte ich meine Schwester Chrissy heiraten, aber da das nicht erlaubt ist, brauch ich irgendeine andere Frau! **Ruf mich an unter Chiffre 88549214.**

Aktuell von den Modewochen:

Designer Anzug Marke "Hauteng"

Raum für Notizen zwischendurch

Jochen Psycharezcyk (Mitglied der Gilde' Alternative Energien') auf dem Weg zur Arbeit.

Fragen Sie Doktor Össel:

Bettina Kunz aus Bochum will wissen:
Haben Fische eigentlich Ohren?
Dr. Össel antwortet:
Ja, und wie man hier am Beispiel des Brasilianischen
Riesenlöfflers erkennen kann,
befinden sich die Ohren immer oberhalb
der Augen (siehe Bild!)

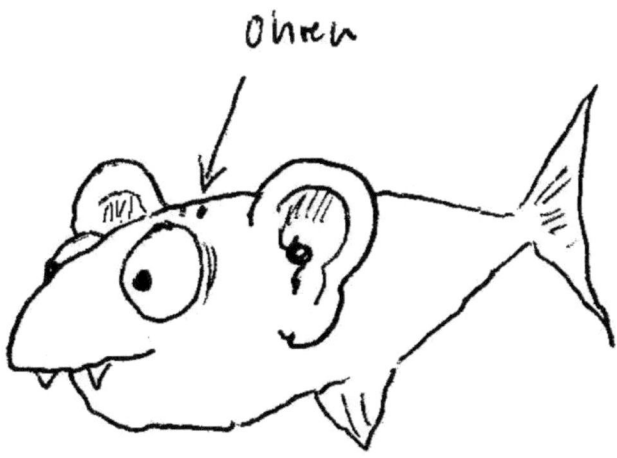

Hier noch ein paar ältere Schreiner-Cartoons, die kürzlich wieder aufgetaucht sind:

'Da vorne steht der legendäre Alf! Man sagt, er ist eine Koryphäe im Möbelbau!'
'Hallo, Jungs!'

Was? Die Maße waren in Millimeter?????

"Rate mal, was ich gerade an der Säge gefunden habe!"

Samstagmorgen, 10:30 Uhr, kurz vor der Evolution.

Und jetzt noch mehr Fisch Witze:

Weltweit gefürchtet, jedoch völlig harmlos!
Der oft knapp unter der Wasseroberfläche
schwimmende **Täuscherfisch.**

Weltweit belächelt, jedoch saugefährlich.
Der oft knapp unter der Wasseroberfläche
schwimmende **Täuscherhai.**

Fragen Sie Dr. Össel

Rudi Müller aus Gladbeck fragt:
Wie kommt der Augenfisch eigentlich
zu seinem Namen?
Dr. Össel antwortet: Lieber Rudi. Ich kann da selber nur
Vermutungen anstellen, aber ich vermute wegen seiner
augenähnlichen Zeichnung an der
Schwanzflosse.(siehe Bild)

Jaques Cousteau aus Perpignan fragt:
Hallo Doktor! Wie nennt man eigentlich
diesen Fisch?

Dr. Össel antwortet: Adidas

...und hoffentlich zum letzten Mal Fragen Sie Dr. Össel:

Hi Doc, ich habe letztens für teures Geld einen Zebrafisch gekauft.
Als ich am nächsten Morgen ins Aquarium schaute, sah der Fisch
ganz normal aus. Was ist passiert?
Dr. Össel antwortet: Offensichtlich hat der Fisch Sie betrogen und
sich nur als Zebrafisch verkleidet. Pech gehabt!

Auf Grund seiner ungewöhnlichen Schwanzflosse, hat der **Uuuuaahhrrrg Fisch** keine natürlichen Fressfeinde.

Harz IV

Da ich selbst Jahr – äh – Monate...äh tagelang auf Harz IV war, möchte ich noch ganz kurz etwas zu diesem Thema sagen: Die Vorteile sind, z. B. man braucht keine Befürchtung zu haben, dass jemand aus der Familie zwecks Lösegeld entführt wird. Was wollen die erpressen? Meinen Heizkostenzuschlag? Die Rückerstattung der Portokosten für meine Bewerbung? **Come On!** Ich verstehe auch nicht, wie sich manche Leute beklagen! *Ich habe 6 Kinder, und ich komme mit dem Geld einfach nicht zurecht!* Ja sicher....aber 8 Tattoos und 5 Piercings, die hast du wohl von deinem Fallmanager zum zehnten Jahrestag bekommen, oder?

Schlusswort

Wenn die Bäume wieder Blätter tragen,
die Vögel munter den Morgen begrüßen und die
Sonne seine wärmenden Strahlen zur Erde sendet, dann
hören wir da und dort Kinderstimmchen, die fragen:
Papa, lass uns doch in den Wald gehen und
Blaubeeren fangen!
Oder wenn ganze Schulklassen über Heide und
Marschland ziehen um Schmetterlinge zu pflücken, ja,
ja dann wissen wir, es ist endlich wieder Sommer
und der Autor hat voll einen an der Waffel!
In diesem Sinne: Tschüss